Ullstein

ÜBER DAS BUCH:

Walter-Jörg Langbein sammelt in diesem faszinierenden Buch Hinweise, die die Vergangenheit phantastischer denn je erscheinen lassen. Außerirdische schufen den Menschen durch eine genetische Manipulation auf dem Grund des Meeres. Riesen entstanden und wurden wieder ausgerottet. Erstaunlich ist das Wissen unserer Vorfahren über die Außerirdischen. Da ist von den Kampfmaschinen der Götter, der Medizin der Außerirdischen ebenso die Rede wie von ihren Waffen, Raumfahrzeugen und Bauwerken. Schließlich führt der Autor Gespräche mit internationalen Wissenschaftlern, setzt sich kritisch mit Erich von Däniken auseinander und wagt zwei neue Theorien über die Herkunft der Außerirdischen: Kamen sie aus einer anderen Dimension? Oder stammen sie von einem Planeten unseres Systems, der in ein riesiges Raumschiff verwandelt wurde?

DER AUTOR:

Walter-Jörg Langbein, Jahrgang 1954, wurde in Coburg geboren. Er studierte Theologie und ist seit rund 20 Jahren forschend tätig. Seit langem bereist er die Welt, stets auf den Spuren der »Astronautengötter«. Im In- und Ausland ist er als Referent für Tagungen sehr gefragt.

Weitere Veröffentlichungen:

Die großen Rätsel der letzten 2500 Jahre (1992); *Das Sphinx-Syndrom* (1995).

Walter-Jörg Langbein

Astronautengötter

Die Chronik unserer phantastischen Vergangenheit

Ullstein

Phantastische Phänomene
Ullstein Buch Nr. 35569
im Verlag Ullstein GmbH,
Frankfurt/M – Berlin

Für das Taschenbuch neu
bearbeitete und aktualisierte
Ausgabe
Mit 31 Abbildungen

Umschlagentwurf:
Vera Bauer
Unter Verwendung einer
Abbildung von Eric Meola/
The Image Bank
(Statuen auf der Osterinsel)

Printed in Germany 1995
Gesamtherstellung:
Ebner Ulm
ISBN 3 548 35569 2

November 1995

Dieses Buch widme ich dem
»Columbo«-Darsteller Peter Falk.

Die Deutsche Bibliothek –
CIP-Einheitsaufnahme

Langbein, Walter-Jörg:
Astronautengötter : die Chronik
unserer phantastischen
Vergangenheit / Walter-Jörg
Langbein. – Für das Taschenbuch
neu bearb. und aktualisierte
Ausg. – Frankfurt/M ; Berlin :
Ullstein, 1995
(Ullstein-Buch ; Nr. 35569 :
Phantastische Phänomene)
ISBN 3-548-35569-2
NE: GT

Bildquellen-Nachweis

Choulet, Anne: 25
Däniken, Erich von: 2, 9, 17, 19, 20
Langbein-Archiv: 12, 13, 14, 15, 16, 22
Langbein, Walter-Jörg: 1, 3, 4, 5, 6, 7, 8, 10, 11, 18, 21, 23, 24, 26, 27, 29, 30
Pollo, Ilse: 28, 31

Inhaltsverzeichnis

Vorwort

Trotzig tuckert der stinkende Motor des kleinen Bootes, das sich, gegen mächtige Wellen ankämpfend, in der Bucht von Pisco auf einen geheimnisvollen Bergrücken zubewegt. Ein mysteriöses Zeichen fordert meine Aufmerksamkeit. Was ist es? Es sieht aus wie ein dreiarmiger Leuchter, wie ein Dreizack. Erst an Land wird erkennbar, wie groß es ist, was immer es auch sei: 250 Meter lang! Die »Säulen« des »Dreizacks« sind je fast vier Meter breit, sie heben sich vom ausgedörrten, salzhaltigen peruanischen Wüstenboden ab.

Niemand weiß, wer, wann, warum und zu welchem Zweck dieses riesenhafte Zeichen geschaffen hat. Denn ein Zeichen ist es, weithin sichtbar, besonders gut vom Flugzeug aus zu erkennen. Seit Ewigkeiten bedeckt anscheinend seit Jahrtausenden wehender Wind den Kandelaber, wie er auch genannt wird, mit Sand, weht ihn aber auch immer wieder frei. Unübersehbar weist er zum Himmel, lenkt er unsere Aufmerksamkeit nach oben, zu den Sternen, von denen nach zahlreichen Überlieferungen, die weltweit vor Jahrtausenden entstanden, einst »Götter« zur Erde herabgestiegen sind.

Szenenwechsel. Gut zwei Stunden hat die Busfahrt vom bolivianischen Santa Cruz bis zum malerischen Bergdörfchen Samaipata gedauert, durch eine fruchtbare Ebene, weite Felder, auf denen Zuckerrohr, Mais, Orangen und Pampelmusen angebaut werden, vorbei an Weiden, auf denen zufrieden Vieh grast. Mit dem Jeep geht es weiter, über halsbrecherische Wege, kaum Vertrauen erweckende Schotterstraßen. Die letzten 500 Meter lege ich zu Fuß zurück, freudig von Heerscharen scheinbar ausgehungerter Moskitos begrüßt.

Endlich stehe ich vor dem seltsamen Berggipfel, der wie eine künstlich geschaffene Pyramide auf mich wirkt. Wieder springt ein geheimnisvolles Zeichen ins Auge: zwei schnurgerade in den gewachsenen Fels gehauene Rillen streben zum Himmel. Ich kämpfe mich, kamerabehängt, bis zur »Pyramidenspitze« vor. Vor Jahrtausenden hat man hier so etwas wie eine »Kultanlage« in den Stein geschlagen, die dem Ort auch heute noch einen mystisch-geheimnisvollen Touch verleiht.

Vor Jahrtausenden wurden steinerne Throne in den Fels gemeißelt. Wer mag sich hier versammelt haben? Und zu welchem Zweck? Ein Indio, stolzer Nachfahre der Inkas, erklärt mir, von meinem tüchtigen Dolmetscher übersetzt, daß auf diesen Sitzen auserlesene Würdenträger beobachten durften, wie Vehikel zum Himmel emporstiegen.

El Fuerte heißt die »geheimnisvolle Kultstätte der Inkas«, wie sie von den Archäologen tituliert wird, obwohl sie wohl schon längst bestanden hat, bevor die Inkas auf der Bühne der Weltgeschichte auftauchten. Wozu sie wirklich gedient haben mag? Auf jeden Fall weisen die schnurgeraden Linien zum Sternenhimmel, so wie der rätselhafte »Dreizack« an der Küste Perus.

In den himmlischen Gefilden der Sterne aber vermuteten die Völker der Welt vor Jahrtausenden die Heimat der Götter. Laut Mythen, Legenden und heiligen Büchern stiegen einst Wesen von ebendiesen Sternen zur Erde herab, noch bevor es den Menschen überhaupt gab. Sie schufen den Homo sapiens, berichten die altehrwürdigen Überlieferungen weiter. Wir alle seien Kinder der Götter. Sollte es sich bei diesen Göttern um Astronauten gehandelt haben?

Nach langjährigen Studien, die mich in die interessantesten Bibliotheken und zu den geheimnisvollsten Orten der Erde geführt haben, bin ich zur Überzeugung gelangt, daß unsere Erde seit Jahrtausenden von Außerirdischen besucht wird, daß der Mensch Produkt außerirdischer Wissenschaftler ist.

Begleiten Sie mich, liebe Leserin, lieber Leser, auf einer Reise durch Zeit und Raum.

Im ersten Teil des vorliegenden Buches werde ich archäologische Indizien dafür zusammentragen, die belegen werden, daß wir unser Bild von der Vergangenheit des Menschen gründlich revidieren müssen. Zu viele Fakten passen einfach nicht in ein liebgewordenes Bild der Vergangenheit des Menschen.

Im zweiten Teil befrage ich Überlieferungen unserer Vorfahren. Sie haben viel zu berichten über unsere Vergangenheit, die so viele Rätsel birgt, die viel phantastischer war, als es uns die Geschichtsbücher vermuten lassen. Die Besucher aus dem All haben unübersehbare Spuren hinterlassen, haben sich in das Gästebuch der Erde eingetragen, haben ihre Präsenz bekundet.

Im dritten Teil werde ich u. a. über UFO-Sichtungen aus Vergangenheit und Gegenwart berichten, lasse ich Wissenschaftler zu Wort kommen, stelle ich Spekulationen über die mögliche Heimat der Besucher aus dem All an. Kamen sie aus einer anderen Dimension, aus einer anderen Zeit oder gar aus unserem eigenen Planetensystem?

Begleiten Sie mich auf einer Reise durch Zeit und Raum, die in grauer Vergangenheit beginnt und bis in die Gegenwart führt. Indem wir gemeinsam die Vergangenheit des Menschen erkunden, erfahren wir auch viel über unsere Zukunft. Denn ich bin davon überzeugt, daß die »Astronautengötter« zur Erde zurückgekehrt sind. Was haben wir von ihnen zu erwarten? Wie werden sich die Fremden uns Menschen gegenüber verhalten? Um diese ohne Zweifel wichtigen Fragen beantworten zu können, müssen wir erfahren, was die Fremden aus dem All in der Geschichte der Menschheit taten. Dazu soll das vorliegende Buch beitragen.

Santa Cruz, Bolivien, im Februar 1995
Walter-Jörg Langbein

Teil I
ARCHÄOLOGISCHE INDIZIEN UND BEWEISE

Kapitel 1
Unglaublich . . .

1. Unglaubliche mathematische und astronomische Kenntnisse

Der Satz des Pythagoras[1]

2250 vor Christus kritzelte jemand, vielleicht ein Schüler, im kleinen Dorf Dhubai in der Nähe von Baghdad algebraische Formeln und Gesetze in Tontafeln.

Unter diesen Formeln befand sich auch der Satz des Pythagoras. Das heißt, daß das nach dem berühmten Mathematiker benannte Gesetz . . . gar nicht von Pythagoras »erfunden« wurde, denn es war offensichtlich schon 1500 Jahre . . . vorher . . . bekannt!

2. Skizzen von Planetensystemen

- In den Höhlen von Varzelândia, Brasilien[2], entdeckten Forscher u. a. eine Jahrtausende alte Höhlenmalerei, die unser Planetensystem zeigt, wobei die Planeten in den richtigen Relationen ihrer Abstände wiedergegeben sind.
- Ein mehrere Jahrtausende altes assyrisches Rollsiegel zeigt einen Priester. Der Mann hält die Hände wie zum Gebet erhoben. Auf seinem Kopf trägt er einen merkwürdigen Hut, an dem ein kurzes, stabförmiges Objekt befestigt ist. Vor dem Priester steht ein raketenförmiges Objekt. Das Interessante an der Darstellung ist aber nicht der Priester. Hinter dem Mann befindet sich, ganz deutlich eingezeich-

net, die Bahn eines Planten: *ellipsenförmig!* Woher wußten die alten Assyrer, daß sich die Planeten auf Ellipsenbahnen bewegen?

Nikolaus Kopernikus (1473–1543) ging in seinen seinerzeit umstürzlerischen Gedanken von kreisförmigen Bahnen aus, auf denen die Planeten um die Sonne wandern.

Erst Johannes Kepler (1571–1630) erkannte, daß die Bahnen der Planeten ellipsenförmig sind!

Das vorliegende assyrische Rollsiegel beweist aber, daß dieses Wissen offensichtlich schon Jahrtausende vorher bekannt war!

Betrachten wir aber die vorliegende assyrische Abbildung genauer, so stellen wir eine weitere, wichtige Einzelheit fest. Von dem abgebildeten Planeten aus werden ganz offensichtlich Sterne angepeilt.

Die Peilstrahlen sind in die assyrische Darstellung deutlich eingezeichnet.

Wir werden an das Keplersche Gesetz Nummer zwei erinnert, wonach der sogenannte Leitstrahl (Verbindung Sonne – Planet) in gleichen Zeiten gleiche Flächen überstreicht. Mit Hilfe solcher Peil- oder Richtstrahlen kann man die Entfernung von anderen Planeten oder Sternen ermitteln.

Man bezeichnet diese Methode als die parallaktische Methode (method of parallaxes).

Über die Parallaxe schreibt der Große Brockhaus[3]:

»Parallaxe oder Winkel zwischen den Verbindungsgeraden zu einem Punkt von zwei verschiedenen Beobachtungsorten aus, deren geradlinige Verbindung, die Basis, bekannt ist oder auch der Winkel, unter dem von dem Punkt aus die Basis erscheint.«

Ich schickte Ernst Stuhlinger, Associate Director for

Sciences bei der NASA, eine Kopie der Darstellung auf dem assyrischen Rollsiegel zu und fragte, ob man mit der auf dem Siegel abgebildeten Methode die Entfernung von Sternen messen könne.

Ernst Stuhlinger antwortete mir ausführlich . . .[4]:

»Die Frage, ob die Entfernung von Sternen mit der Methode, die auf der mir von Ihnen zugesandten Zeichnung dargestellt wird, gemessen werden kann, ist eine sehr alte. Es ist in der Tat möglich, und sie wurde einige Zeit mit Erfolg angewandt, um die Entfernung der Sonne, des Mondes und anderer Planeten von der Erde zu ermitteln. Um derartige Messungen durchführen zu können, muß man selbstverständlich die Umlaufbahn der Erde sehr genau kennen. Die Entfernung des Mondes von der Erde kann schon gemessen werden, wenn man zur gleichen Zeit von zwei verschiedenen Punkten der Erde den Mond anpeilt, wobei man natürlich die genaue Entfernung dieser beiden Punkte auf der Erde kennen muß. Auch muß die Erde, der Erdradius, bekannt sein. Diese Methode nennt man die parallaktische Methode, method of parallaxes. In unseren Tagen wurde diese Methode sogar angewandt, um die Entfernung von Sternen zu messen, die 300 Lichtjahre entfernt sind. Allerdings sind dazu unsere besten Fernrohre und die besten Astronomen der Welt erforderlich! Auch benötigt man für die parallaktische Methode eine extrem exakte Zeitmessung und extrem genaue Winkelmessungen, wenn man die Entfernung von Sternen messen will.

Ich bezweifle, daß genügend genaue Zeit- und Winkelmessungen in diesen frühen Zeiten durchgeführt werden konnten, um mit Hilfe dieser Methode die Entfernung der Sonne und weiter entfernter Sterne zu messen.«

Ich fasse kurz zusammen:

Die auf dem Rollsiegel dargestellte Methode zur Messung von Entfernungen ist im Prinzip völlig richtig, erfordert aber zur Durchführung Meßgeräte des zwanzigsten Jahrhunderts.

3. Die »Schräge Wand«[5]

Im sogenannten Bärental bei Weismain, Oberfranken, hausten vor über 10 000 Jahren Steinzeitmenschen.

Unterschlupf bot die sogenannte Schräge Wand, eine überhängende Felswand. Angeregt durch das Auffinden verschiedener vorgeschichtlicher Keramikreste und Steinwerkzeuge sowie anderer steinzeitlicher Artefakte, begann im September 1963 das Institut für Ur- und Frühgeschichte der Universität von Erlangen systematische Grabungen. Grabungsleiter Dieter Schmundelbach hob in seinem Bericht besonders einige Funde hervor:

Pinzetten zur Wundbehandlung, Sicherheitsnadeln, Gürtelringe, Perlschmuck.

Im Sommer 1974, elf Jahre nach den »offiziellen« Grabungen, durchforschte der Autor mehrere Tage lang das Bärental und fand einige Steine, die ganz offensichtlich bearbeitet waren und von denen einige auch Einritzungen aufwiesen.

Die »amtlich anerkannten« Funde machen deutlich: Hier lebten keine Primitiven im negativen Sinne! Die Kultur der Steinzeitmenschen war erheblich höher, als allgemein angenommen.

Neue Wahrheiten und Erkenntnisse gelangen eben immer zu spät in die Lehrbücher. Warum soll das im Bärental anders sein?

4. Unglaubliche physikalische Kenntnisse in uralten Zeiten

- Das Chimuvolk, Südamerika, so beweisen es Ausgrabungen, führte Goldbeschichtungen durch, die nur mit Hilfe der Elektrolyse bewerkstelligt werden können.
- Dem Feldherrn Chou-Chou (265–313 n.Chr.), China, wurde vor 1666 Jahren ein Aluminiumgürtel als Grabbeilage gegeben.

Aluminium kann nur unter großem Aufwand technisch-kompliziert gewonnen werden, und zwar aus Bauxit.

- In Ägypten wie im Irak wurden zahlreiche, extrem exakt geschliffene Kristallinsen gefunden, die heutzutage nur mit Cäsiumoxyd hergestellt werden können.

Cäsiumoxyd kann nur auf elektrochemischem Wege gewonnen werden.

- Die Malereien in den Gängen der Cheopspyramide wurden, wie mikroskopisch exakte Untersuchungen ergeben haben, wohl unter Zuhilfenahme einer unbekannten Beleuchtungsmethode hergestellt.

Fest steht: Es gibt keinerlei Spuren von Ruß oder Rauch in den Gängen . . .

Die vorausstehenden Fakten würden eine Erklärung finden, wenn man davon ausginge, daß den Menschen verschiedener Hochkulturen vor Jahrtausenden bereits . . . elektrischer Strom zur Verfügung stand. Im Auftrag der Gulbenkian Foundation[6] besuchte W. Winton vom Science Museum, London, vom 16. August bis 4. Dezember 1962 den Irak, um das Iraq-Museum umzugestalten und auf den neuesten Stand der Wissenschaften zu bringen.

Bei Aufräumungsarbeiten wurden verschiedene merkwürdige Gegenstände gefunden, darunter . . . eine elektrische Batterie, die aus dem Jahre 250 vor Christus stammt. Die Batterie aus dem Irak besteht aus einem dünnwandigen Gefäß aus Kupfer. Genau im Zentrum dieses Gefäßes befindet sich ein Kupferstift, der durch einen Spund und durch eine Teerschicht festgehalten wird. Das Ganze wiederum steckt in einem Tongefäß von 15 Zentimetern Höhe. Zwischen Tongefäß und Kupferzylinder befindet sich eine dünne Teerschicht. Gießt man eine beliebige Säure, es genügt sogar Essig, in die Vorrichtung, dann entsteht elektrischer Strom.

Der Wissenschaftler Winton kann und will nicht glauben, daß die Sumerer schon 1500 Jahre vor Galvani und seinen berühmten Versuchen mit Froschbeinen elektrischen Strom gekannt haben. Trotzdem gesteht er ein, daß jeder, der etwas von Physik verstehe, den Fund als Batterie erkennen würde und daß, falls es sich hier wirklich um eine Batterie handele, die größte Sensation, der phantastischste Fund der Wissenschaft vorliege.

Aber der Wissenschaftler läßt diesen Gedanken gleich wieder fallen.

Das Ding *darf* keine Batterie sein.

Denn . . . eine Batterie für sich betrachtet (!) ist sinnlos (!?!).

Da es, so Winton, nicht möglich sein kann, daß die alten Sumerer Strommeßgeräte, elektrische Geräte oder Glühbirnen besessen haben, denn nur dann sei für sie eine Batterie sinn- und nutzvoll, so argumentiert Winton weiter, so kann es auch nicht möglich sein, daß die Batterie eine Batterie ist. Erst wenn man beweisen kann, wofür der elektrische Strom verwendet wurde, will Winton akzeptieren, daß das Ding . . . eine Batterie ist.

Ich meine: Auf diese Weise kann man die Jahrtausende alte Batterie nicht wegerklären.

Winton schrieb übrigens seinen kurzen Bericht im Juni 1961. Meines Wissens ist er der erste Wissenschaftler, der sich um die älteste Batterie der Welt gekümmert hat, obgleich sie bereits 1936 östlich von Baghdad, bei Khiut Robboura, gefunden worden war.

Das Ministerium für Information, um genau zu sein, die Abteilung »Directorate General of Antiquities«, hat den Fund der Batterie bestätigt und mir eine Information offizieller Art zugeschickt.

Titel[7]: »The electric battery.«

Kapitel 2
Merkwürdige Spuren der Vergangenheit – Hinweise auf Astronautengötter?

»Die Frage, ob jemals außerirdische Intelligenzen unsere Erde besucht haben, würde ich mit ›Ja‹ beantworten!« sagte der russische Professor Kasanzew in einem Interview.[8]

»Ja, ich bin vollkommen davon überzeugt, daß uns außerirdische Wesen besucht haben, denn sie haben allzu sichtbare Spuren auf unserem Planeten hinterlassen!« erwiderte der Physiker Professor Saizew[9] auf die Frage nach der Möglichkeit von Besuchen Außerirdischer auf unserer Erde in der Vergangenheit.

Kasanzew und Saizew waren beide Mitglieder der russischen Akademie der Wissenschaften in Minsk, beide hatten ihren ausgezeichneten Ruf als Wissenschaftler zu verlieren, werden sich also gehütet haben, etwas zu sagen, von dessen Richtigkeit sie nicht wirklich überzeugt sind.

Betrachten wir einmal unter diesem Aspekt einer möglicherweise phantastischen Vergangenheit der Menschheit einige merkwürdige, bisher ungeklärte Phänomene unserer Erde . . .

1. Stonehenge – the work of the giants!

Stonehenge, so nahm man noch vor wenigen Jahren an, entstand zwischen 1700 und 1900 vor Christus. Dies hatte man mit der 14-C-Methode festgestellt. Seine Erbauer, so vermutete man weiter, hätten sich aller Wahrscheinlichkeit nach von den Erbauern der Pyramiden Ägyptens beeinflussen lassen. Wieder glaubte man einen Beweis für den sogenannten Kulturfluß von Ost nach West erbracht zu haben.[10]

Im Februar 1972 erschien im Monatsmagazin »westermann-welt, kunst, kultur« ein Bericht über die Radiocarbon- oder 14-C-Methode.

Da heißt es:

»Den Launen der kosmischen Strahlung ist es zu verdanken, daß das Bild des vorgeschichtlichen Europa revidiert werden muß: Altersbestimmung von Denkmälern mit Hilfe der 14-C-Analyse erwiesen sich zum Teil als zu spät angesetzt. Die monumentalen Steinmale von Stonehenge etwa, astronomisch ausgerichtet, sind nicht, wie bisher angenommen, um 1700 bis 1900 vor Christus errichtet worden, sondern ein gutes Jahrtausend zuvor!«

Stonehenge ist demnach älter als die Cheopspyramide[11]

Stonehenge ist noch rätselhafter geworden, und neue Fragen ergeben sich:

Wer erbaute Stonehenge? Und wann? Wie wurden die Steinriesen transportiert? Wie hat man sie aufgerichtet?

1994 untersuchte Prof. David Bowen, Universität Wales, einige der Steinmonster mit der Chlorin-36-Datierungsmethode. Ergebnis: Die untersuchten Steine könnten schon vor 14000 Jahren gebrochen worden sein. Sie wurden aus den Preseli-Bergen, Südwestwales, über 300 Kilometer weit geschleppt. Eine mehr als beachtliche Leistung, wenn man bedenkt, daß die Steine pro Stück rund vier Tonnen wiegen!

Stonehenge-Experte Gerald S. Hawkins fand eine interessante Überlieferung über die berühmte Kultanlage: »In grauer Vorzeit gab es einst Riesen, die ungewöhnliche

Kräfte besaßen. Diese Riesen brachten große Steine von Afrika nach Irland. Von Irland wurden die Steine von Merlin nach England transportiert.«

Obwohl Merlin ein begnadeter Zauberer gewesen sein soll, verließ er sich nicht auf seine magischen Kräfte. Er soll vielmehr eine Maschine verwendet haben.

Nach Geoffrey von Monmouth, einem Historiker des 12. Jahrhunderts, wollte König Konstantin Stonehenge von einigen Hundertschaften abtragen lassen. Es gelang seinen Mannen aber nur, und das mit enormem Aufwand, einen einzigen Steinkoloß umzustürzen und einige Meter wegzuzerren!

Erfolg, auf einem ganz anderen Gebiet allerdings, hatte hingegen Gerald S. Hawkins, der zunächst der Ansicht war, Stonehenge sei eine Kultstätte wie zahlreiche andere auch.

Trotzdem unternahm der versierte Astronom einen aufwendigen Versuch. Er ließ den Lageplan von Stonehenge einem IBM-Computer eingeben und mit dem Sternenhimmel vergleichen, wie er vor rund vier Jahrtausenden aussah. Das Ergebnis war sensationell: Stonehenge ist das wohl älteste Observatorium überhaupt. Es werden Mond- und Sonnenstand für graue Vergangenheit, Gegenwart und ferne Zukunft angezeigt. Es verwundert nicht, daß Hawkins als genialer Entdecker gefeiert wurde. So verkündete euphorisch »Daily Express«: »Wenn Hawkins recht hat, und das meinen die meisten Experten, dann ist Stonehenge das zweite Weltwunder der Antike.«

Seit den bahnbrechenden Studien Hawkins' ist mehr als ein Vierteljahrhundert verstrichen. Es würde sich gewiß lohnen, heute mit modernsten Computern den Lageplan von Stonehenge mit dem Sternenhimmel von vor fünf und mehr Jahrtausenden zu vergleichen. Stonehenge ist ja weitaus älter als bislang angenommen.

Es erhebt sich die Frage: Woher stammt das unglaubliche astronomische Wissen der Erbauer von Stonehenge?

Unglaubliches Wissen war erforderlich, um ein Observatorium wie Stonehenge zu errichten! Hatten die Astronautengötter der Vorzeit »ihre Hände im Spiel«? Diese Vermutung ist nicht von der Hand zu weisen. So gibt es in den Blöcken einige uralte Gravierungen, darunter auch die eines »behelmten Mannes«, der uns an einen Astronauten erinnert.

Das Thema Stonehenge möchte ich mit einer kuriosen Meldung beschließen:

Eine Engländerin namens Carey will verschiedene merkwürdige Beobachtungen in Stonehenge gemacht haben.

Eines Nachts habe ein Stein von Stonehenge, so erzählt sie, zu leuchten begonnen, dann habe sich der Stein verformt und habe die Gestalt einer Schlange angenommen.

Aus dem Munde des Tieres sei ein leuchtender Mann gestiegen. Schließlich sei der Stein verschwunden.

2. Von Pyramiden und erdenen Hügeln

Pyramiden gibt es in Nord- und Südamerika und in Ägypten, doch diese Gebäude haben meist nur die äußere Form gemeinsam, ihr Verwendungszweck war oft grundverschieden.

In Nordamerika gibt es nur Stufenpyramiden. Der Sage nach befand sich auf der Abplattung jeder dieser Pyramiden ein »Götterofen«, von dem aus die Götter der Vorzeit zu den Sternen zurückkehrten. Lange Zeit, nachdem die Himmlischen die Erde verlassen hatten, brachten die Indianer auf den »Götteröfen« ihren Wohltätern, den Astronauten, die sie als Götter verehrten, Opfer dar.

Aus diesen Opferstätten wurden allmählich im Laufe der Zeit Tempel und Altäre.

Die flächenmäßig größte Pyramide der Welt befindet sich in Nordamerika: Es ist der sogenannte Cahokia Mound in Illinois, USA.

Seine Grundfläche ist mit mehr als 1800 Quadratmetern größer als die der berühmten Cheopspyramide.

Die interessantesten Pyramiden sind jedoch ganz ohne Zweifel die ägyptischen.

Nach Herodot arbeiteten 100 000 Sklaven 20 Jahre an der Cheopspyramide.

Jonglieren wir etwas mit den Herodotschen Zahlen:

Was 100 000 Sklaven in 20 Jahren schaffen, das leisten

50 000 Sklaven in 40 Jahren oder
25 000 Sklaven in 80 Jahren oder
10 000 Sklaven in 200 Jahren oder
5000 Sklaven in 400 Jahren oder
1000 Sklaven in 2000 Jahren.

Keines dieser Beispiele erscheint mir wahrscheinlich. Bedenken wir, daß die Cheopspyramide aus rund 2 600 000 Steinen besteht. Jeder Steinquader hat ein durchschnittliches Gewicht von 2,3 Tonnen. Wenn nun die fleißigen Sklaven jeden Tag zehn der gewaltigen Steine aus dem Bergwerk schlugen, an die Baustelle schafften und aufeinandertürmten, wenn sie also täglich rund 23 000 Kilogramm Gestein bewegten und verbauten, dann hätten sie immerhin noch 664 Jahre für ihre Aufgabe benötigt. So lange kann aber die Herstellung des Bauwerkes nicht gedauert haben, wenn die Pyramide als das Grab eines exzentrischen Königs gesehen werden soll!

Die normalen Pyramiden (Grabpyramiden) wurden frühestens zum Zeitpunkt der Thronbesteigung des Pharaos begonnen und mußten, wenn er starb, fertig sein.

Die vier Seiten des Mammutbauwerkes sind, von winzigen Abweichungen einmal abgesehen, genau nach den vier Himmelsrichtungen ausgerichtet. Das 1666 (!!) erbaute Observatorium in Paris ist ebenfalls nach den vier Himmelsrichtungen ausgerichtet, allerdings ist das den französischen Fachkräften 5000 Jahre nach Cheops unvergleichbar schlechter »gelungen«.

Teilt man den Umfang der Pyramide durch die doppelte Höhe, so erhält man die Konstante »pi« auf fünf Dezimalen genau: 3,1416.

Multipliziert man die Höhe der Pyramide mit einer Milliarde, so erhält man genau den Abstand zwischen Erde und Sonne. Peter Kolosimo hat sich intensiver als die meisten Autoren mit der Grabkammer in der Pyramide beschäftigt.

Er kommt zu dem Ergebnis, daß es unmöglich ist, den Sarkophag durch die Tür der Kammer zu bewegen; er ist zu groß![12]

Fragen über Fragen drängen sich auf.

Warum hatten die Ägypter schon nach dem Bau der Cheopspyramide alles wieder vergessen? Denn da entstand nach der Ansicht der Archäologen die Chefrenpyramide, ein Steinhaufen im Vergleich zum Cheopsbau! Oder stammt die große Pyramide gar nicht von Cheops?

Ist sie älter?

Ist sie vor der großen Sintflut erbaut worden, wie ein uralter Papyrustext zu berichten weiß?

Von den Pyramiden Ägyptens zu den »Erdhügeln« Nordamerikas, zu den Mounds.

Die Mounds waren in erster Linie Grabstätten. Sie stellten aber fast alle etwas dar, was man allerdings nur aus der Vogelperspektive erkennen kann.

In Wisconsin im Sauk County: Die »Lower Dells Gruppe« stellt drei Vögel dar. Der größte von ihnen hat immerhin eine Spannweite von fast 73 Metern!

Ganz in der Nähe: weitere Mounds! Vögel, ein doppelköpfiger Mann, ein »kleiner« Bär – er ist »nur« 17 Meter lang –, eine unbekannte Darstellung – 50 Meter lang – sowie Schlangen. 405 Meter mißt der große Schlangenmound in Ohio.

Andere Mounds wiederum erinnern stark an die Tempel Südamerikas. Manche dieser Mounds lassen sich aus der Ferne nicht von südamerikanischen Bauten unterscheiden.

Interessant sind auch andere Kunstwerke der »moundbuilders«, der Erbauer der Mounds: Im Wilson County, Tennessee, fand man eine 46 cm hohe Sandsteinfigur, eine wunderbare Arbeit! Da kauert eine menschliche Gestalt am Boden, kein wilder Indianer, sondern ein nachdenklich dreinblickendes menschliches Wesen. Deutlich erkennbar: ein Helm auf dem Kopf, am Hals noch deutlicher: ein Kragenwulst!

Die Kunst war bei den Erbauern der Mounds sehr ausgereift. Ebenso die Technik der Künstler! Mit einer Säure und einer sehr schwierig herzustellenden Paste ätzten sie Bilder in Muscheln. Sehr gut erhalten ist die Abbildung eines unbekannten fliegenden Gottes auf einer größeren Muschel, gefunden in Le Fleur County, Oklahoma.

Hochentwickelt war bei den ersten Amerikanern auch die Tonkeramik. Besonders viele Tonpfeifen sind bis in unsere Tage erhalten geblieben. Besonders häufig werden als Pfeifenköpfe kunstvoll herausmodellierte menschliche

Köpfe verwendet. Auffallend auch hier: Helme mit Ausbuchtungen und kleinen Kästen über den Ohren. Primitiver hingegen wirken die Masken, die man in einigen Mounds fand. Wesentliche Merkmale: auffallend große Ohren und, natürlich, Gestänge am Kopf.

Die nur aus der Luft als »Bilder« erkennbaren Monumentalkunstwerke der Indianer lassen sich mit den riesenhaften Zeichnungen im Wüstenboden von Nazca, Peru, vergleichen. In beiden Fällen muß erstaunliches Wissen aus dem Gebiet der Geometrie vorhanden gewesen sein. Woher stammte dieses Wissen? Von den Wesen mit den Helmen? Und wie alt ist es? Wann wurden die ersten Mounds angelegt?

Es liegen unterschiedliche Datierungen vor, die oft sehr widersprüchlich sind. Die »Baumringdatierung«, die man zunächst anwandte, hat, das weiß man inzwischen, total versagt. Die mit der umstrittenen C-14-Methode gewonnenen Ergebnisse müssen mit Vorsicht genossen werden.

Indianer waren es jedenfalls nicht, die die ältesten Mounds erbauten. Denn die riesenhaften Denkmäler entstanden schon, als es nach unserem heutigen Wissen noch gar keine Indianer gab.

Vor 10000 Jahren gab es in den heutigen USA Elefanten und Kamele. Zahlreiche Mounds zeigen Abbildungen dieser Tiere.

Ergo müssen die ältesten Mounds mindestens 10000 Jahre alt sein, denn kurz darauf starben diese Tiere aus.

1880 fand Frederik Larkin eine Erklärung für die enormen Erdbewegungen, die zum Errichten der Mounds nötig waren: Die Erbauer der Mounds zähmten vor 10000 Jahren Mammut, Bison und Kamel und setzten diese Tiere bei ihren Erdarbeiten ein.

3. Raketen auf Papyrus, Raketen aus Stein, Raketen aus Gold . . .

Nach C. W. Ceram gab es einst einige tausend Mounds in Nordamerika. Eine beträchtliche Anzahl! Viel größer ist die Zahl der heute noch auffindbaren Siegessäulen, Steindenkmäler, Kleinmalereien, die an Raketen erinnern.

Eines der interessantesten ältesten Objekte dieser Art ist der »Goldhut von Etzelsdorf«, der in verblüffender Weise einer Rakete ähnelt. Ich hatte Gelegenheit, mit Professor Dr. Dr. Hermann Oberth, dem »Vater der Weltraumfahrt«, über den geheimnisvollen Fund zu sprechen.

Als ich Herrn Professor Oberth fragte, ob er glaube, daß die Erde von raumfahrenden Göttern besucht wurde, zögerte er nicht lange.

»Es ist durchaus möglich, ja sogar wahrscheinlich!«

Ich fragte weiter:

»Wenn wir in der Vergangenheit Besuch von Außerirdischen erhielten, warum gibt es dann, eigentlich ist das ja merkwürdig, in Deutschland keine Abbildungen von Raumschiffen?«

Darauf erwiderte Oberth:

»Wenn Sie so wollen . . . wenn Sie so wollen . . ., dann könnte man sagen, daß der Goldhut von Etzelsdorf einer Rakete . . . ähnlich sieht!«

Der Vater der Weltraumfahrt wußte auch, wo der Goldhut aufbewahrt wird: im Germanischen Nationalmuseum in Nürnberg. Am nächsten Tag sah ich mir das Ding einmal an. Der Goldhut ist, so erfuhr ich, 3000 Jahre alt. Seine

Länge beträgt knapp 96 cm, seine Weite 15 cm. Nähere Auskunft gibt ein Schrifttäfelchen:

»Das Fundstück bildet einen nach oben zugespitzten, nach unten etwas erweiterten Kegel. Der Aufsatzrand ist umgeschlagen und durch einen Bronzering verstärkt. Das Ganze ist aus einem einzigen Goldblechstück nahtlos getrieben.«

Bemerkenswert seien »wechselnde Verzierungen, mit Bronzestempeln hergestellt. Es überwiegen einfache, konzentrierte Kreise. Im obersten Teil überschneiden sie sich gegenseitig. Im unteren Teil ist eine Verzierungszone besonders hervorgehoben . . .«

Am unteren Rand habe ich mir diese besonders hervorgehobene Zone einmal genau angesehen: Da befinden sich zahlreiche Kegelchen, Miniaturausgaben des gesamten Goldhutes! Diese Kegel erinnern stark an Düsen, wie sie bei modernen Raketen anzutreffen sind. Dr. H. W. Hammerbacher hat über den Goldhut einen Aufsatz geschrieben. Seiner Meinung nach ist sich die Fachwelt darüber einig, daß der Goldhut ein Kultgegenstand war, worauf die zahlreichen Sonnen, die darauf abgebildet sind, hinwiesen. In Verbindung, so meint Hammerbacher, mit dem Sonnenwagen von Trundholm in Dänemark sei der Goldhut zu bringen. Aller Wahrscheinlichkeit nach sei der Goldhut eingehandelt worden, das meinen die einen, Hammerbacher aber glaubt, daß das Objekt aus der Umgebung des Fundortes stamme. Ganz in der Nähe des Fundortes findet sich ja ein ehemaliger Tempel des Sonnengottes. Auch dort wurde etwas gefunden: ein wunderschönes Messer aus der gleichen Epoche. Die Menschen aus dieser Kultur, so Hammerbacher, siedelten vorwiegend auf Bergen. Sicher ist sich Hammerbacher, daß der Goldhut wie die Goldscheibe von Moorsdorf ein Kultgegenstand war. Vielleicht sollte sie einmal dem Sonnengott geweiht werden, auf dem Dillberg möglicherweise. Ich möchte eine weitere Theorie über den Goldhut nicht verschweigen: Demnach war er ein Aufsatz auf einem Stab. Doch eigentlich ist es belanglos, was einmal mit dem Stab aus Gold angefangen wurde. Wichtig ist für mich: Mit den Augen unserer Zeit ist das Ding eine Rakete.

Bei einem weiteren Besuch bei Professor Dr. Hermann Oberth zeigte mir der berühmte Forscher einige Photos aus den »Kindertagen« des Raketenzeitalters: Wernher von Braun und sein Lehrer, Professor Dr. Hermann Oberth, wie sie gerade zwei kleine Raketen zur Abschußrampe tragen. Als ich dieses Photo sah, mußte ich an eine Abbildung aus dem ägyptischen Totenbuch denken. Da schenkte ein Gott einem König, der sich in Begleitung seiner Frau befand, einen seltsamen Gegenstand. Dieses Gebilde sieht genauso aus wie die Raketen von Professor Oberth und seines Schülers Wernher von Braun. Es ist sogar ein Querruder angedeutet. Mir ist die »wissenschaftliche« Deutung dieser Abbildung bekannt. Man sagt, daß der König von dem Gott die Hülle erhielte, in die er nach seinem Tode eingewickelt werden soll. Diese Deutung berücksichtigt aber nicht das flossenartige Gebilde an der »Mumienhülle«.

Äußerst interessant sind auch die Abbildungen der Himmelsbarke Ra im gleichen Buch. Auf einem Sockel ruht da ein Weltenei, das, so sagt die Mythologie, mit einem Strahlenkranz umringt die Finsternis des Alls durcheilt. Zu dieser Abbildung paßt auch recht gut folgender Textauszug aus dem ägyptischen Totenbuch:

»Ich bin Gott Shu, der in Lichtgöttersphären zu sich heranzieht die Luft der himmlischen Meere.«

Sollte es sich hier um einen Tatsachenbericht handeln?

Eine phantastische Vermutung!

Mit »Raumfahrerbrille« gelesen, könnte man den Text auch wie folgt verstehen:

»Ich bin der Astronaut Shu. In meinem Raumschiff durchziehe ich die Weiten des Alls. Dabei sauge ich die Spuren von Luft, die es im All gibt, in meine Kapsel.«

Wenig später heißt es im Totenbuch:

»Möge die frische Luft den jungen Gott erquicken.«

Bedeutend älter als der Goldhut von Etzelsdorf ist die zwei Meter hohe Siegessäule des Königs Naramsue'en, die im 24. Jahrhundert vor Christus hergestellt wurde und heute als das besterhaltenste Denkmal der akkadischen Kunst gilt.

Karl F. Kohlenberg sieht in dieser Darstellung einen »bärtigen Gott«[13]. Er meint damit wohl die Zentralfigur der Stele, den bärtigen König Naramsue'en. Eine Inschrift macht die Frage unnötig, was die Bedeutung des Kunstwerkes anbelangt. Auf keinen Fall handelt es sich bei dem Bärtigen um einen Gott. Dennoch gibt die Stele zu denken.

Warum galt es bei allen Frühkulturen als göttlich, einen behörnten Helm zu tragen? Warum werden seit Urzeiten die Göttlichen mit Hörnern dargestellt? Sollten einstige Astronautenbesucher imitiert werden?

Doch zurück zur Stele.

Im Hintergrund befindet sich da ein seltsames, längliches Gebilde. Steht es im Zusammenhang mit den darüber abgebildeten Sternen? Ist es ganz sichtbar oder steht es hinter dem Hügel?

Es bedarf wahrscheinlich keiner überhitzten Phantasie, um zu der Erkenntnis zu kommen, daß das Gebilde eine große Ähnlichkeit mit einer modernen Rakete hat.

Soviel zur Siegessäule.

Vielleicht wird man für den interstellaren Raumflug einst Kugelraumschiffe bauen. Für den erdnahen Raum aber ist und bleibt die Idealform für ein Raumschiff die eines Bleistiftes. Vielleicht sind die Astronautengötter in Kugelraumschiffen durch den Weltraum gezogen, aber für den erdnahen Raum waren auch für sie die uns bekannten Raketenformen besser geeignet.

In Ägypten (zum Beispiel: Tempelanlage von Nuri), Nordmesopotamien (Tell Halaf), Persien (Persepolis), um nur einige der Länder zu nennen, treffen wir auf Flugmaschinen der Götter in den eindrucksvollsten Abbildungen.

Kapitel 3
Reisen in die Vergangenheit

Reisen in die Vergangenheit – gibt's die?

Ja und nein!

Man kann zwar die Zeit nicht zurückdrehen, doch es gibt Orte auf dieser Welt, an denen die Zeit stehengeblieben zu sein scheint. Wenn man diese Orte besucht, dann findet man sie fast unverändert vor, wie sie vor Jahrtausenden waren.

1. Val Camonica, das Tal der Götter

Einer dieser merkwürdigen Orte befindet sich in Italien: Val Camonica, das eigentlich Tal der Götter heißen könnte. Ungefähr 100 Kilometer nordöstlich von Mailand, ganz in der Nähe der bezaubernden Kleinstadt Capo di Ponte, hat man ein Paradies für Vorgeschichtsforscher gefunden: Hier kann man in einer angenehmen Parklandschaft die Spuren der Menschen lesen, die vor Jahrtausenden hier lebten und ihre Kunstwerke in den Stein gravierten.

Im Sommer des Jahres 1973 reiste ich zum ersten Mal in das Val Camonica und suchte nach den Spuren der prähistorischen Astronauten.

Dort angekommen, schickten mich die Einheimischen gleich nach Capo di Ponte, wo ich nach kurzem Suchen schon die ersten Götterdarstellungen vorfand: schwebende Gestalten mit Strahlenhelmen. Unter mindestens

100 000 Steingravuren von Menschen, Tieren und Behausungen findet man Hunderte, ja Tausende Götterdarstellungen, Wesen mit zyklopenhaft anmutenden Anzügen und Helmen. Sie begegnen einem fast auf jedem Stein, diese geheimnisvollen, fast immer behelmten Wesen. Manche von ihnen tragen merkwürdige Gegenstände in den Händen. Handelt es sich dabei um Waffen? Um die Feuerschwerter der Bibel und anderer alter, zum Beispiel altindischer Epen? Bei meinen mehrtägigen Gravuren-Nachforschungen fielen mir einige Zeichnungen besonders auf, die ich hier kurz einzeln beschreiben möchte.

Da ist zum Beispiel die Zeichnung eines Männchens, 12 cm hoch, fast 8 cm breit. In den hoch erhobenen Händen trägt es einen undefinierbaren Gegenstand, der irgendwie technisch aussieht. Erich von Däniken verweist mich auf ein ähnliches Abbild eines Mannes. In Nazca und an einem Berghang in Chile gebe es ebenso eine ähnliche Zeichnung. Allerdings sind die südamerikanischen Zeichnungen viel, viel größer! (E. v. D.: »Das Männchen mit dem Gegenstand ist nicht uninteressant. Da gibt es etwas Verwandtes auf der Ebene von Nazca und auch in einem Berghang in Chile.«)

Weiterhin entdeckte ich unter dem Geäst eines kleinen Busches eine andere, merkwürdige Gravur, die stark einer komplizierten, verschlungenen Spirale ähnelt. Der Vergleich mit einer Genspirale drängt sich mir auf.

Ich wäre gern bereit, diese Kuriosität als puren Zufall abzutun, wenn es nicht Kilometer weiter von besagter Steingravur ein exaktes Duplikat gäbe, das nur etwas kleiner ist, aber in einem bestimmten Maßstab kleiner. In einem Maßstab, der exakt auf jeden Punkt angewandt wurde. Sogar der Archäologe Emanuel Süss weist auf diese beiden Zeichnungen hin, muß aber zugeben, daß er keine

Ahnung hat, wie die beiden Gravuren zu deuten sind. Das ist keine Schande. Übel nehme ich es aber dem Herrn Süss, daß er geflissentlich verschweigt, daß sich rechts unten in der Spirale . . . ein kleiner Gott mit »Plumpanzug« und Strahlenhelm befindet. Bemerkenswert ist, daß – und leider ist da Süss keine Ausnahme – kaum oder gar nicht auf technisch wirkende Zeichnungen eingegangen wird: auf plumpe Kästen mit Stäben und sonderbaren Auswüchsen. Ebenso führen die vielen Götterdarstellungen ein Mauerblümchendasein in wissenschaftlichen Publikationen. Ein Kuriosum: Bei Süss sind öfter behelmte Götter abgebildet, der begleitende Text wie auch die Bildunterschriften weisen dann aber auf Nebensächlichkeiten wie kleeblattförmige Kritzeleien in der Nähe der Gestalten hin.

Übrigens: Viele der Einheimischen sprechen ganz offen von »astronauti«, wenn sie die Götterdarstellungen meinen!

Wohl den meisten Einheimischen bekannt ist die größte zusammenhängende Zeichnung des Val Camonica: die »mappa preistorica«, die »prähistorische Landkarte«. Man findet sie am Hang gegenüber vom »Nationalpark Naquane« gelegen. Sie bedeckt mehrere Quadratmeter Stein. Es ist kaum zu glauben, Steinzeitmenschen haben eine exakte Karte ihres 100 Kilometer langen Tals angefertigt. Zu sehen sind Flüsse mit zahlreichen Windungen, seit Menschengedenken ausgetrocknete Seen, Berge und Täler, Dörfer und kleine Siedlungen. Woher stammten die enormen Kenntnisse etwa auf dem Gebiet der Vermessungstechnik, die zur Anfertigung der Karten erforderlich waren? Haben auch hier, wie es schon in den Mythen heißt, die Götter der Vorzeit helfend eingegriffen?

Aus Italien zurückgekehrt, wollte ich ermitteln, ob die Karte im Val Camonica einmalig ist in ihrer Art oder nicht.

Was ich herausfand, ist hochinteressant:

1. Die Karten des Piri Reis – erstmals von dem Kartograph Walters vom Hydrographischen Institut der US-Marine und dem Ingenieur und Archäologen Mallery untersucht – sind derart exakt, daß man vermuten muß, daß Satellitenaufnahmen bei der Herstellung der Karten benützt worden sein müssen. Die Karten des Piri Reis sind wohl Kopien von Kopien. Wer schuf das Original?

2. Schon im ersten Jahrhundert nach Christi Geburt besaßen die Mikronesier sehr genaue Seekarten. Darauf waren neben dem genauen Verlauf der Küste alle wesentlichen Strömungen eingetragen, und man konnte den Karten entnehmen, welche Stromgeschwindigkeit zu erwarten war. Selbstverständlich waren auch alle Inseln und Inselchen verzeichnet. (Siehe hierzu auch »Illustrierte Kulturgeschichte der Welt« von Kai Birket Smith.)

3. Auch die Eskimos besitzen schon seit fast 2000 Jahren derartige Karten. Sie sind aus Holz geschnitzt und zeigen den exakten Küstenverlauf, die vorgelagerten Inseln, die Flußmündungen und Anlegeplätze, aber auch die Strömungen.

4. Ein Eskimo, ein Aivilmann, war es auch, der vor ungezählten Jahrhunderten eine wirklich faszinierende Seekarte herstellte. Auf dieser Karte ist die Küste vom Churchillfluß bis zum Lancastersund, eine Strecke, es ist unglaublich, von 1500 Kilometern Länge ... dargestellt!

Wenn man den Menschen, die diese Karten herstellten, das Wissen zubilligt, das sie den Geschichtsbüchern nach besaßen, dann sind diese Karten unmöglich, dann darf es sie überhaupt nicht geben!

Aber: Es gibt sie!

Spekulationen: Standen ihnen vielleicht aus prähistorischen Zeiten Karten zur Verfügung, die sehr genau waren? Vielleicht Karten, die, nachdem die Originale verlorengegangen waren, immer noch in Form von relativ genauen Kopien existieren?

2. Amerika, das Land der Superlative

Auch in Amerika gibt es noch Stätten, an denen die Urvergangenheit noch lebendig geblieben ist. Und gerade in Amerika sind uralte Bräuche der Indianer erhalten geblieben, die an die phantastische Vergangenheit der Menschheit erinnern. Auf der Weltausstellung in New York, 1964, sorgten die Vertreter Mexicos für eine Sensation. Veracruz-Indianer führten einen sehr gefährlichen Tanz zu Ehren des Gottes Tlaloc auf. Der Indianer Flying Eagle of Papantla bestieg einen 114 Fuß hohen Pfahl und tanzte auf der Spitze des hohen Mastes. Nach dem Auftritt des Flying Eagle erklommen drei weitere Indianer den hohen Pfahl. Flying Eagle und seine Stammesmitglieder ließen sich in die Tiefe fallen. (»We fall into space!« erklärte Flying Eagle.) Ein Mechanismus an der Spitze des Pfahls ließ die Seile, an denen die Indianer angebunden waren, langsam abrollen, so daß die Indianer, sich um den Pfahl drehend, allmählich gen Boden schwebten – mit dem Kopf nach unten. Erinnerungen an »fliegende Götter«, an die Astronauten der Vorzeit?

Ebenso beeindruckend, wenn nicht sogar beeindrukkender als die Vorführungen des Flying Eagle auf der New Yorker Weltausstellung, empfand ich einen Besuch in den Ruinen des Mesa Verde Plateaus. Der Klippenpalast (»Cliff Palace«), wie die noch gut erhaltenen, aber doch ruinenhaften Behausungen genannt werden, ist für die indianische Bevölkerung heute noch heiliges Areal. Um

1250 lebten noch etwa 400 Indianer in der Siedlung, »in« dem Mesa Verde Plateau, in einer weiten, ovalen Höhlung im Felsen. Spätestens um das Jahr 1300 aber ist die mit enormem Kraftaufwand errichtete Siedlung von heute auf morgen verlassen worden. Heute wälzen sich Touristenschlangen durch die engen, teilweise turmähnlichen Wohnungen, die Ruinen finden schon weniger Interesse. Will man vielleicht gar einmal die Beschaffenheit des Mauerwerks untersuchen, dann muß man frühmorgens kommen, wenn die meisten Touristen noch kamerabehängt ihr Frühstück vertilgen, denn meist stehen die kleinen, einzimmrigen Häuser so voller Neugieriger, daß man nur einen Besuch wagen kann, wenn man nicht an Klaustrophobie leidet. Ein Vergleich des Mauerwerks, vor allem bei den Rundbauten, mit dem von Cuzco, Peru, bietet sich förmlich an, wenngleich hier in Mesa Verde die Mauern bei weitem nicht so monumental angelegt wurden.

Dennoch: Da sitzt ein Stein absolut exakt auf dem anderen, da bleibt, trotz der starken Witterungseinflüsse in den letzten Jahrhunderten, in den letzten 700 Jahren, in denen die Indianersiedlung leerstand . . ., keine Ritze, aber nicht die kleinste Ritze . . . zwischen den Steinen frei!

Wenn ich heute Photos von Töpfereien, die man in jahrelanger Arbeit vor der uralten Siedlung ausgegraben hat, mit Gravuren im Val Camonica vergleiche, dann drängen sich mir erstaunliche Parallelen auf: Da gibt es wieder die merkwürdigen, eckigen kleinen Männer, die Spiralmuster, die Zickzacklinien, die sehr oft in der Ornamentik auf der Indianertöpferei auftauchen.

Ich muß zugeben, ich kann mich an die Legende, die mir damals in den Ruinen von Mesa Verde eine alte Indianerin erzählte, nicht so gut erinnern, daß ich sie wörtlich zitieren könnte. Mein Besuch in den USA liegt ja nun schon Jahrzehnte zurück. Aber dem Inhalt nach kann ich besagte Legende wiedergeben. Da soll einmal in Colorado ein großer Stein gelandet sein. Aus diesem Stein kroch ein »guter Gott«. Er sah einige Menschen auf den Stein zurennen: Indianer, die von Feinden verfolgt wurden. Da ließ er die Indianer auf seinen Stein steigen. Er flog mit ihnen weg und landete wieder, wo er die Indianer von seinem Stein absteigen ließ.

So half der gute Gott den Indianern, vor ihren Feinden zu fliehen. Angeblich hielt er sich nicht lange bei den Indianern auf, schon bald flog er wieder mit seinem Stein davon. Erinnerungen an eine phantastische Vergangenheit? Wird die Geschichte nicht erst verständlich, wenn wir davon ausgehen, daß der Stein ein Raumschiff war?

Waren die Götter Astronauten?

Mein Vorschlag: Man müßte einmal alle Mythen unserer Vorfahren untersuchen: auf ihren Wahrheitsgehalt hin.

Eine derartige Aufgabe hat aber nur dann Sinn, wenn man jedes Ergebnis, auch ein phantastisches, akzeptiert und nicht Lösungen ablehnt, nur weil sie zu phantastisch anmuten.

Ich fasse zusammen:

Bekannt waren . . .

- der Satz des Pythagoras, schon 1500 Jahre vor dem genialen Mathematiker
- vor Jahrtausenden bei brasilianischen Steinzeitmenschen die Entfernung zwischen den einzelnen Planeten unseres Sonnensystems
- den Assyrern Keplers Lehre von den Planetenbahnen
- den Assyrern die parallaktische Methode zur Entfer-

nungsmessung von Planeten, ohne daß sie sie hätten anwenden können. Dazu fehlten ihnen die wissenschaftlichen Geräte.

Seltsame Funde, die es nicht geben dürfte . . .

Nach Funden zu schließen, gab es in Südamerika (Goldbeschichtungen!), China (Chou-Chou-Grab/Aluminiumgürtel), Ägypten (Linsen) und im Irak (Linsen) Produkte, die nur mit Hilfe von elektrischem Strom hätten hergestellt worden sein können. Andererseits hat man im Irak eine jahrtausendealte Batterie gefunden, kann sich aber nicht vorstellen, was man seinerzeit damit angefangen hat.

Kasanzew und Saizew meinen: In der Vergangenheit landeten Astronauten auf unserer Erde, vor Jahrtausenden bereits!

Im folgenden II. Teil meines Buches möchte ich die Sagen und Legenden der Vorzeit befragen.

Was sagen sie, die Zeugen der Vorzeit, zur Frage:

Waren die Götter Astronauten?

TEIL II
GESCHICHTE DER ASTRONAUTEN-GÖTTER

»Ich sinne über die Tage der Vorzeit nach,
urlängst vergangener Jahre gedenke ich.«
(Psalm 77,6)

Kapitel 4
Vom Homo sapiens und seinen Vorfahren

In nahezu allen Superhochkulturen der Vergangenheit glaubten die Menschen, daß irgendeinmal in grauer Vorzeit Götter, die von den Sternen, von irgendwoher aus dem unendlichen Weltraum kamen, unserer Erde mehrere Besuche abstatteten – in metallenen Himmelseiern und merkwürdigen, sehr technisch wirkenden Himmelsfahrzeugen; oft hielten sie Jahrhunderte, ja nicht selten Jahrtausende an diesem Glauben fest.

Die Berichte von Götterlandungen wurden von eifrigen Priestern von Generation zu Generation überliefert, schließlich entstanden Religionen. Können wir nun aber diese Religionen, Märchen und Sagen, die alle im Grunde das gleiche aussagen, einfach als »Erfindungen phantasiebegabter Priester« abtun, weil wir da von zu phantastischen Dingen hören und lesen?

Wenn Götterlandungen nur vereinzelt in der einen oder anderen Region geschildert würden, dann könnte man das ohne Zweifel. Aber das ist nicht der Fall! Es ist schlicht unmöglich, daß viele Menschen, durch Meere, Wüsten und Gebirge, durch Jahrtausende getrennt, immer wieder die gleiche Geschichte erfunden haben. Seltsame Götter landen in seltsamen Fahrzeugen auf der Erde. Daß alle unsere Vorfahren – auf allen fünf Erdteilen – den gleichen Tick gehabt haben, das ist keine plausible Erklärung.

Aber fragen wir doch Fachleute, wie nach ihrer Ansicht Mythen und Religionen entstanden sind.

Louis Marillier[14] erkennt die Gleichartigkeit der Mythen

und Religionen, verneint aber ein kollektives Denken, wie es ja Carl Gustav Jung vermutet. Er hält sie vielmehr für spontane individuelle Schöpfungen, die auf eine Erfahrung, die unsere Vorfahren machten, zurückgehen.

Was für eine Erfahrung?

Sein Landsmann Georges Dumezil[15]: »Die Mythen sind Alleinbesitz der Urzeiten gewesen und spiegeln den Zustand und die Ereignisse der damaligen Gesellschaft wider.« Gehörten Besuche außerirdischer Astronauten zu diesen »Ereignissen«?

Von diesen gemeinsamen Urerfahrungen haben unter vielen anderen profitiert:

die Sumerer (das Gilgameschepos, 2000 vor Christus, in Tontafeln geritzt, geht aber auf ältere Sagen der Hurriter zurück), die Ägypter (um 1700 vor Christus, gegen Ende des Mittleren Reiches: Das Buch der Toten), die Indoarier (1000 vor Christus: Die Weden), die Chinesen (900–700 vor Christus: Schuking, das Buch der Urkunden), die Griechen (zahlreiche undatierbare Göttersagen), die Urchristen (700 vor Christus: Die Genesis, Gnosis, Teile des Alten Testamentes), die Mayas (zahlreiche Göttersagen unbestimmbaren Alters, das Buch des Rates, Popol Vuh, das erst um 170 nach Christus niedergeschrieben wurde), die Parsen (300 vor Christus: Awosta), die Hindus (leider erst im Mittelalter aufgezeichnet: die Hurandas), die Azteken (zahlreiche Sagen unbestimmbaren Alters) und viele andere Völker . . .

Wir wissen heute,

daß sich das Leben in einem gewaltigen Urgewitter vor vielen Jahrmillionen entwickelte.

Wir wissen heute,

daß sich im Laufe von vielen Jahrmillionen aus Leben primitivster Art allmählich höheres, intelligenteres Leben entwickelt hat.

Wir kennen heute

nahezu vollständig den Weg des Lebens vom primitivsten Einzeller bis zum affenähnlichen Wesen.

Aber dann geschieht etwas Seltsames. Plötzlich taucht der Homo sapiens auf, der Neandertaler. Was war denn der Neandertaler für ein Wesen? Die wissenschaftliche Zeitung Harper's (Dezember 1962, Seite 73) schreibt hierzu:

»Er war nicht krankhaft entartet, vornübergeneigt oder brutal, wie allgemein angenommen wird.«

Zum gleichen Thema schrieb Times Magazine (The New York Times Magazine, 19. März 1961, Seite 30):

»Die Gehirnkapazität des Neandertalers betrug 1625 ccm.«

Somit war der Neandertaler kein primitives Tier. Ganz im Gegenteil, er muß dem Durchschnittsbürger von heute geistig überlegen gewesen sein.

The World Book Encyclopedia (1966, Band 15, Seite 672):

»Homo sapiens oder vernunftbegabter Mensch ist der Name, mit dem man gewöhnlich alle Rassen mit menschlichem Körper und einer Gehirnkapazität von 1350 bis 1550 ccm bezeichnet. Zu dieser Gruppe gehören alle Jetztmenschen.«

Um 300 000 vor Christus

tauchte plötzlich der Neandertaler auf, ein Wesen mit weit größerem Gehirnvolumen.

Um 300 000 vor Christus beginnt der Neandertaler als erstes Lebewesen, seine Artgenossen feierlich zu bestatten.

Um 300 000 vor Christus erscheinen offensichtlich plötzlich zum ersten Mal neue Wertbegriffe, scheinen Moralvorstellungen entstanden zu sein, die sich grundlegend von den früheren unterschieden haben müssen.

Eine allmähliche, evolutionsbedingte Entwicklung scheint es nicht gegeben zu haben.

Zwar vertreten auch 1995 noch viele Wissenschaftler, wenn es um die »Homo-sapiens-Werdung« des Menschen geht, die Darwinsche Evolutionstheorie, doch es werden immer mehr kritische Stimmen laut, die hier die Evolutionstheorie nicht angewandt wissen wollen.

Der Evolutionist Sarel Eimerl[16] schreibt:

»Leider sind die fossilen Zeugnisse, die uns die Entwicklung des Menschenaffen zeigen können, noch äußerst unvollständig. Wir wissen weder wo noch wann typisch menschenaffenähnliche Tiere sich aus den Affen entwickelten.«

Pierre Lecomte Nouy kündigte ebenfalls seine Bedenken an, deutlicher allerdings ... Indem er Darwin angreift, macht er sich viele Feinde unter den Wissenschaftlern, seinen Kollegen[17]:

»Jede der Zwischenstufen, falls vorhanden, scheint plötzlich aufgetreten zu sein, und infolge des Mangels an Fossilien ist es bisher nicht möglich gewesen, die Übergänge zwischen den einzelnen Stufen zu ermitteln. Es wird sich vielleicht niemals ein Zusammenhang nachweisen lassen.«

Bis zum heutigen Tag streiten sich die Wissenschaftler, wie es zur entscheidenden Mutation gekommen sein soll. Die Mythen, die Sagen, die Epen aber sind sich einig. Ihre Antwort: Fliegende Götter, die von den Sternen kamen, haben den Menschen erschaffen, herangezüchtet! Aber nur wenige Wissenschaftler schenken dem Gedankengut unserer Vorfahren ihre geschätzte Aufmerksamkeit und noch seltener etwas ihrer kostbaren Zeit!

Wenn wir die Berichte unserer Vorfahren lesen, dann können wir uns im klaren darüber sein, daß sie nicht von Wissenschaftlern verfälscht wurden, wie das bei fossilen Funden des öfteren vorgekommen ist. Denn von fast jeder Fabel gibt es auf der Welt mehrere Varianten, so daß man leicht nachprüfen kann, ob etwas geändert wurde. Aus den zahlreichen Fälschungen, die Wissenschaftler begangen haben, um das sogenannte Missing link doch noch vorweisen zu können, habe ich zwei besonders typische Beispiele ausgewählt.

1. Der Javamensch

»Encyclopedia Britannica«[18]:

»Folgende fünf Reste wurden gefunden: die Schädeldecke, die äußerlich die Form hatte, die man bei einem riesigen Gibbon erwarten würde, ein linker Schenkelknochen und drei Zähne. Die größte Entfernung zwischen den Fragmenten betrug 20 Schritte. Später fügte Dubois noch ein sechstes Fragment hinzu, das Stück eines Unterkiefers, das er in einem anderen Teil der Insel fand, aber in einer Schicht, die das gleiche geologische Alter hatte.«

Es ist nicht wissenschaftlich, Knochenreste zu sammeln,

die man 20 Meter voneinander entfernt gefunden hat, diesen ein weiteres Fragment beizufügen, das kilometerweit von den übrigen entfernt ausgegraben wurde, und dann zu behaupten, daß die Fossilien zusammengehörten.

2. Der Piltdownmensch

»Encyclopedia Britannica«[19] schreibt weiter:

»Die nächstwichtige Entdeckung (bezogen auf Dubois) machte Charles Dawson in Piltdown, Sussex, zwischen den Jahren 1911 und 1955. Er fand einen großen Teil der linken Hälfte eines stark versteinerten Menschenschädels und ein Stück der rechten Hälfte, ferner die rechte Hälfte eines stellenweise stark beschädigten Unterkiefers und den ersten und zweiten Backenzahn sowie das Zahnfach des dritten oder des Weisheitszahnes. Unter den britischen Fachleuten ist man sich darüber einig, daß Schädel und Kiefer von ein und demselben Individuum stammen.«

Dieses Wesen nannte man den Piltdownmenschen. Damals jubelten die Wissenschaftler in aller Welt auf. Endlich hatte man das »missing link«. Doch das vielstimmige »heureka« war verfrüht. Erst am 25. Februar 1961 stellte Science Newsletter (Seite 119) richtig:

»Eine der berühmtesten Fälschungen war der Piltdownmensch, den man in Sussex, England, fand . . . und von dem man annahm, daß er 500 000 Jahre alt sei. Nach längerer Kontroverse zeigte es sich, daß es nicht die Reste eines Urmenschen waren, sondern der Schädel von einem neuzeitlichen Schädel und der Kieferknochen von einem Menschenaffen stammte. Die Kieferknochen hatte man mit doppelchlorsaurem Kali und mit Eisenerz behandelt, um zu erreichen, daß er wie eine Versteinerung wirkte.«

Weiter stellte »Science Newsletter« fest, daß die Zähne mit einer Feile bearbeitet waren. In »Das Beste« vom Dezember 1956 (Seiten 67/68) heißt es über den Piltdownmenschen:

»Jedes einzelne Stück erwies sich als Fälschung, der Piltdownmensch war von A bis Z Schwindel. Alle Indizien deuten auf Dawson als Urheber des Schwindels hin.«

Mein Vorschlag:
Folgen wir Heinrich Schliemann! Lassen wir uns über die phantastische Vergangenheit der Menschheit durch Mythen und Legenden berichten! Lesen wir die Werke unserer Vorfahren und nehmen wir sie wörtlich!

Lesen wir das Gilgameschepos, das Mahabharata, die Sternensagen der Griechen, die Stanza, das Alte Testament als Berichte, die zumindest immer einen wahren Kern haben und oft wie Tatsachenberichte verfaßt sind!

Sicherlich wird uns manches unverständlich bleiben, weil wir Dinge »erleben«, die in der frühen Vergangenheit bereits bekannt waren, für uns aber noch in der Zukunft liegen. Anderes verstehen wir, manches kommt uns irgendwie bekannt vor.

Irgendwann in grauer Vorzeit brachen Astronauten irgendwo in den Tiefen des Weltalls auf. Sie traten eine Reise an – zur Erforschung des Universums. Irgendwann entdeckten sie einen Planeten . . . unsere Erde.

Kapitel 5
Wie die »Götter« kommen konnten ...

»Im Kreis gehen die Menschen
im Käfig ihres Planeten,
weil sie vergessen haben,
daß man zum Himmel aufblicken kann!«
(Eugène Ionesco)

Nach langen Jahren des Forschens haben die Wissenschaftler eines fernen Planeten einer fernen Sonne eine enorm wichtige Entdeckung gemacht: Sie haben endlich einen Planeten gefunden, der aller Wahrscheinlichkeit nach Leben, möglicherweise sogar intelligentes Leben, trägt. Der Planet ist der dritte Trabant einer Sonne untergeordneten Ranges am Rande eines Systems einer fremden Galaxis. Die sechs übrigen Planeten dieser Sonne haben alle nicht die notwendigen Voraussetzungen für Leben. Nur dieser dritte Planet erfüllt alle Bedingungen. Er hat die richtige Entfernung von seiner Sonne, durchschnittlich 150 Millionen Kilometer, das heißt gerade die richtige Temperatur, damit sich Leben entfaltet haben kann. Weiterhin hat dieser Planet auch die richtige, für Leben auf Sauerstoffbasis geeignete Atmosphäre.

Endlich ist der große Tag gekommen!

12 Astronauten sollen die fremden Weiten des Alls durchdringen und den fernen Planeten, unsere Erde, besuchen. Drei riesige Kugelraumschiffe stehen den Astronauten zur Verfügung.

Nachdem alle 12 an Bord gegangen sind, überprüft man

genauestens alle Systeme. Schon haben die Astronauten ihre letzten Anweisungen erhalten, der Countdown läuft ab. »5 . . . 4 . . . 3 . . . 2 . . . 1 . . . 0.« Majestätisch erheben sich die drei Raumschiffe. Schon nach kürzester Zeit sind sie aus dem Blickfeld der zurückbleibenden Bewohner des fernen Planeten verschwunden. Werden sie ihr Ziel, die Erde, erreichen?

Werden unbekannte Gefahren das Unternehmen zur Tragödie werden lassen?

Und vor allem: Wenn es auf der Erde intelligentes Leben geben sollte, wie wird man die Astronauten empfangen? Als Götter? Als primitive Tiere? Sind die Erdbewohner technisch vielleicht noch viel weiter?

Bald haben die Astronauten in ihren Raumschiffen eine Umlaufbahn um ihren Heimatplaneten erreicht, nach einigen weiteren Umkreisungen werden die Raumschiffe auf Fluchtgeschwindigkeit beschleunigen . . . Dann beginnt die weite Reise.

Wäre ein derartiger Flug überhaupt möglich? Sind die Entfernungen nicht zu groß?

Ist es überhaupt möglich, fremde Galaxien, fremde Sonnensysteme zu erreichen?

Es scheint fast so, als ob interstellare Raumfahrt, wegen der enormen Entfernung, nicht durchführbar wäre.

Würde nämlich von der Erde ein großes Raumschiff starten, mit Männern und Frauen an Bord, und wenn diese moderne Arche Noah ausreichend mit gemischter Besatzung versorgt wäre, dann würde erst die 146000. Raumfahrtgeneration das der Erde am nächsten gelegene fremde Sonnensystem, die Plejaden, erreichen, wenn das Raumschiff mit 40000 Kilometern pro Stunde fliegen würde. Das heißt, daß die sogenannte Fluchtgeschwindigkeit (die Geschwindigkeit, die nötig ist, um dem Anziehungsbereich der Erde zu »entwischen«) für interstellare Raumfahrt zu langsam ist. Doch müssen die Raumschiffe der Zukunft so »langsam« wie Apollo fliegen? Wenn die Raumreisenden mit 99,9999 Prozent der Lichtgeschwindigkeit durch das All dahinreisen würden . . . schliche an Bord des Raumschiffes die Zeit im Zeitlupentempo dahin!

Nach Max Born vergehen so für die Raum- resp. Zeitreisenden 26 Jahre Bordzeit, während sie eine Strecke von 1000 Lichtjahren zurücklegten! Auf dem Heimatplaneten wären allerdings 2000 Jahre verstrichen! Der Raketenforscher Eugen Sänger rechnet sogar mit nur 42 Lebensjahren (Bordzeit) für eine Fahrt rund um das Weltall. Bei der Rückkehr auf die Erde wären aber dort inzwischen 300 000 Jahre dahingerast.

Doch auch bei Lichtgeschwindigkeit würden zu lange Zeiten verstreichen, wenn ein Raumschiff andere Galaxien besuchen will.

Wenn an Bord eines Raumschiffes mit v = c (Geschwindigkeit = Lichtgeschwindigkeit) 26 Jahre vergehen und das Himmelsschiff 1000 Lichtjahre zurücklegt (Max Born!), dann benötigt ein mit Lichtgeschwindigkeit reisender Astronaut 26 000 Jahre Bordzeit für 1 000 000 Lichtjahre.

Aber nach Einstein, so sagt man doch, ist die Lichtgeschwindigkeit das absolute Geschwindigkeitsmaximum.

Ist das wirklich so?

Am 18. Oktober 1967 machte der naturwissenschaftliche Publizist Dr. Thomas von Randow in »Die Zeit« eine recht interessante Mitteilung über die Arbeit des amerikanischen Physikers Dr. Gerald Feinberg, der an der Rockefeller-Universität, USA, lehrt. Der berühmte Physiker hatte schon am 25. Juli 1967 für die amerikanische Zeitschrift »Physical Review« einen Artikel geschrieben, der große

Aufregung unter den Wissenschaftlern hervorrief. Titel der Arbeit:

»Möglichkeit von Teilchen, die schneller als das Licht sind.«

Der geniale Physiker gab darin folgende Erklärung ab:

»Den Durchmesser O hat ein Körper, wenn er die Lichtgeschwindigkeit erreicht. Betrachtet man die Lichtgeschwindigkeit als einen Grenzwert, dann muß es auch eine Überschreitung dieses Grenzwertes geben. Eine Überschreitung der Lichtgeschwindigkeit, die schneller als 300 000 Kilometer pro Sekunde ist. Sie kann theoretisch bis ins Unendliche gesteigert werden.«

Diese Feinbergsche Theorie ist allerdings bis jetzt nur mathematisch bewiesen. Ebenso war es mit Albert Einsteins »Uhrenparadoxon«, das erst 66 Jahre nach seiner Formulierung durch ein Experiment bewiesen wurde.[20] Und zwar so:

Dr. Richard Keating und der Physiker Dr. Joseph Hale lieferten als erste den Beweis. Sie buchten Anfang Oktober 1971 einen Rund-um-die-Welt-Flug in einem amerikanischen Jumbojet, besetzten eine mittlere Viererreihe und schnallten auf den zwei Mittelplätzen je ein Meßgerät an. Zwei weitere Atomuhren blieben zum Vergleich im US-Naval-Observatory an der Washingtoner Massachusetts Avenue zurück. Sofort nach Beendigung des Fluges teilte Dr. Keating mit, daß die Zeitdifferenzen, die sie im voraus berechnet hatten, tatsächlich eingetroffen seien. Keating versicherte:

»Einstein hatte recht! Daran kann es keinen Zweifel mehr geben!«

Ebenso wie es sich erwiesen hat, daß ein Flugzeug schneller als der Schall fliegen kann, ohne an der Schallmauer zu zerschellen, so wird man wahrscheinlich durch einen Versuch beweisen können, daß die Lichtgeschwindigkeit überschritten werden kann.

Davon ist Feinberg felsenfest überzeugt.

Vielleicht wird es Wissenschaftlern wie Keating gelingen. Sicher ist: Die Natur wird es selbst beweisen! Die »Weißen Zwerge«[21] werden den Beweis liefern! Diese merkwürdigen Sterne haben folgende Eigenschaften: Ihre Oberflächentemperatur liegt zwischen 7000 und 10000 Grad Celsius, trotzdem haben sie eine erstaunliche, sehr niedrige Leuchtkraft. Ihre Radien sind, verglichen mit denen anderer Sterne, geradezu lächerlich gering. Sie liegen in der Größenordnung des Erdradius. Daraus kann man schließen, daß die Dichte des Materials, aus dem die Sterne bestehen, enorm groß ist. Im Durchschnitt wiegt 1 ccm 10000 bis 10000000 Gramm! Ihre zentrale Dichte dürfte 10mal größer sein als die der Sonne, ihre Zentraltemperatur bei etwas um 10000000 Grad Celsius liegen. Diese Sonnen haben ihre letzte Entwicklungsstufe erreicht, das heißt, ihr gesamter Wasserstoff hat sich bereits in Helium verwandelt. Wie genaue wissenschaftliche Untersuchungen ergeben haben, bewegen sich die Materieteilchen der Weißen Zwerge sehr schnell.

Wenn die Entwicklung weiterhin im gleichen Tempo von einer unbekannten Kraft vorangetrieben wird, dann wird sich einmal jedes Materieteilchen mit Lichtgeschwindigkeit bewegen. Dann werden die Weißen Zwerge – nach Einstein und Feinberg – verschwinden . . . in den Nullraum, in eine andere Dimension fallen, wo sie den Radius r=O haben werden.

Nach Feinberg werden sich die Materieteilchen immer

schneller bewegen, das heißt, die Weißen Zwerge werden von dem Nullraum in den Negativraum (Minusraum) fallen.

Hypothese:
Eines Tages werden vielleicht Raumschiffe hergestellt werden, die mit einem Vielfachen der Lichtgeschwindigkeit durch das Weltall rasen: im negativen Raum, in einer anderen Dimension?

Nach den Mythen kamen in den vergangenen Jahrtausenden immer wieder Götter in Himmelsfahrzeugen. Bei diesen mythologischen Beschreibungen könnte es sich um Erinnerungen an Raumreisende in Raketen handeln!

Was die Götter während ihrer Himmelreisen taten, das beschreiben ausführliche Mythen und Sagen unserer Vorfahren.

Einem der ältesten Schriftstücke der Erde, der Stanza, entstammt folgende Beschreibung:

»Seit einiger Zeit hat es nur ES gegeben, es war dunkel, und alles war verschleiert.
In der Dunkelheit –
ein Ozean ohne Licht –
der Keim, der immer noch in seiner Schale
lag, raste dahin!
Die Natur aus der gleißenden Hitze!«

Vielleicht wußte der Kopist obiger Verszeilen, der nur übernahm, was ihm überliefert wurde, nicht, welche Bedeutung das Niedergeschriebene ursprünglich hatte. Dies macht meiner Ansicht nach der Kommentar deutlich, den er zaghaft hinzugefügt hat:

»Wer kennt das Geheimnis?

Wer verkündete es je?
Wann entstand dies alles?«

Der Text enthüllt weitere Einzelheiten:

»1. Der ewige Weltraum, eingehüllt in unsichtbare Hüllen, hatte wieder sieben Ewigkeiten geschlummert.

2. Das All hatte noch kein Bewußtsein, denn es gab noch keine Ah-hi, keine göttlichen Wesen in ihm.

3. Es gab noch keine Zeit.

Die Zeit schlief noch im Schoße der Dauer.

4. Dunkelheit allein füllte die Tiefe des Alls. Vater, Mutter und Sohn waren beieinander! Der Sohn war noch nicht erwacht . . ., um seine Manaventara (Aufgabe) und seine Reise zu vollenden.

5. Und das Leben pulsierte ohne Bewußtsein dahin durch das unendliche All.
Das einzige Leben schlummerte für sich allein in den tiefen Weiten des Weltalls.«

Ich glaube, man kann hier nicht einfach von einer bildlich gemeinten Fabel sprechen, wenn man nicht sagen kann, *was* mit der Fabel bildlich ausgedrückt werden soll.

Auch möchte ich eine Version des Textes anbieten, wobei ich mich bemühe, das Original möglichst wenig zu verändern und nur für »Götter« den Begriff »Astronauten« einsetze. Die Sprache passe ich der unsrigen etwas an:

»1. Der ewige Weltraum, begrenzt durch unsichtbare Grenzen, hat wieder sieben Ewigkeiten geschlummert.

2. Die Astronauten durchschreiten das All noch nicht, es war noch ohne Bewußtsein.

3. Es gab noch keine Zeit, sie schlief im Schoße der Dauer.

4. Dunkelheit allein füllte die Tiefe des Alls. Vater, Mutter und Sohn waren beieinander.

Der Sohn war noch nicht erwacht, um seine Manaventara . . . seine Aufgabe . . . zu erfüllen und seine Reise zu beenden.

5. Und das Leben pulsierte dahin im unendlichen All, das einzige, alleinige Leben.

Mit den Augen unserer Zeit gelesen erscheint mir dieser Text als durchaus verständlich.

Welche Aufgabe mögen wohl die Götter gehabt haben, von der hier die Rede ist?

Im Buch »Death of Nesi Khosu« lesen wir eine Andeutung, die auf die Aufgaben der Götter bezogen werden könnte. Zum einen heißt es da, daß der schlafende Gott von Zeit zu Zeit aufgeweckt werde, damit er seine Aufgabe erfüllen könne[22]:

»Der Gott Nesi Khosu, der weniger bekannt ist
und weit mehr im Verborgenen lebt
und dessen Zeichen,
die Scheibe,
bekannt ist,

FÄLLT ENTSCHEIDUNGEN ÜBER JAHRTAUSENDE.«

Was soll das heißen . . . »fällt Entscheidungen über Jahrtausende«? Während ihres Fluges schlafen die Götter größtenteils. Von Zeit zu Zeit werden sie aufgeweckt, damit sie eine Aufgabe erfüllen. Was sie zu tun haben, kann man nur zu erraten versuchen. Vielleicht mußten sie Kurskorrekturen durchführen, oder vielleicht wurde in gewissen Abständen eine Routinekontrolle notwendig? Aus der Sicht der Menschen, auf der Erde raste ja die Zeit im Vergleich zu der Raumschiffzeit dahin, waren die Entschlüsse der Götter dann auch wirklich entscheidend für Jahrtausende. In manchen Sagen und Mythen werden oft unwichtig erscheinende Einzelheiten betont. Den Astronauten war es selbstverständlich, daß man Monate, ja Jahre ununterbrochen schlafen konnte (Gnosistexte!), den Menschen nicht!

Andere wiederum betonen, daß die Götter ohne Gras auskommen mußten.

So ist in der Edda zu lesen:

»Urzeit war es! Nicht Sand noch See, noch Salzwogen!
Nicht Erde unten noch oben!
Gähnung grundlos, doch Gras nirgend!«

Poetischer könnte man die Weiten des Alls wirklich nicht beschreiben.

Am 24. Dezember des Jahres 1968, vier Tage nach dem Start von Cape Kennedy, gab die Besatzung von Apollo VIII eine Live-Talk-Show. Darin gaben die drei Astronauten ihre Eindrücke wieder, während sie in der Kapsel über die zerklüftete Mondlandschaft dahinzogen.[23]

»Eine gewaltige, einsame, abschreckende Ausdehnung von Nichts!«

Mit diesen Worten schilderte Frank Borman die Leere des Alls. Seine Beschreibung mutet ebenso an wie die Gnosistexte, die sich mit dem Weltall beschäftigen.

Lassen wir die Astronauten weiter berichten:

»Von hier aus gesehen ist die Erde eine grandiose Oase in der Wüste des Alls. Der Himmel ist eine abschreckende, drohende, grenzenlose Unermeßlichkeit, düster und wenig ansprechend.«

Die Germanen bezeichneten die Welt als einen Garten, einen Midgart, eine Mirlok, im Gilgameschepos wird die Erde mit einem Gemisch aus Mehlbrei und Wasser in einem großen Wassertrog verglichen.

Kapitel 6
Die »Götter« kommen zum erstenmal

»Nach Sänger muß jede Kultur Raumfahrt entwickeln, ob gewollt oder nicht, denn sie ist, bei uns, eine Auswirkung der menschlichen Natur.

Sänger sagt, daß wohl Raumfahrt von allen entwickelt wird, als Folge von Intelligenz sozusagen.«

(Prof. Dr. Hermann Oberth)

»Alle intelligenten Lebewesen werden einmal Raumfahrt betreiben.«

(Dr. h. c. Erich von Däniken)

Es gibt zahlreiche Berichte von Mythen und Sagen, die von den ersten von Menschen beobachteten Götterlandungen erzählen.

Aus vielen hier einige wenige . . .

CHINA: Das Ei des knochenlosen Gottes Hsü, so wollen es heute noch die Thai wissen, fiel in grauer Vorzeit vom Himmel.[24]

TARIMBECKEN: 600 Kilometer nordöstlich vom Lob Nor lebt ein seltsames Völkchen. Auch sie erzählen merkwürdige Geschichten. In grauer Vorzeit sind die Götter im damaligen Meer Gobi, in einem Himmelsei aus Metall, gelandet.

Nach langem Schlaf, so eine uralte Sage, sei ein Gott namens Tan, in seinem Himmelsei auf die Erde hernieder gekommen. Tans Ei soll weich gelandet sein.[25]

CHINA: Noch heute erzählen die Thai, daß dereinst

eine seltsame »Himmelsfrau« auf die Erde gekommen sei. Sie habe sich in einen Menschen verliebt, ihn geheiratet und sei mit dem Erdenmenschen in ihre Himmlische Heimat zurückgekehrt.[26]

GRIECHENLAND: Die Göttin Thetis schlüpfte aus einem Himmelsei. Ihr ursprünglicher Name lautet Eurynome, was zu Deutsch etwa »Weites Wandern« heißt. Sie kam der Sage nach aus dem Okeanos, dem Nachtmeer des Weltraums. Ihr Reisefahrzeug: ein silbrig glänzendes Ei.[27]

Eine andere Sage: »Ta'aroa lag lange Zeit schlafend in seiner Muschel.« Diese Muschel drehte sich im endlosen Raum und war wie ein Ei. »Dort gab es nicht Land noch Mond, nicht Sterne. Die Dunkelheit währte immerfort.«

Der Name der Muschel: Rumia.

Als sie landete, leuchtete sie wie eine Sternschnuppe, was die Bewohner des Nukumanuatolls beobachten konnten.[28]

SUDAN: Eine uralte Sage weiß von dem Gesandten des Himmelssohnes Nommo zu berichten, einem Fremdling, der auf einem Bogen zur Erde herabglitt und nur auf flachem Boden landen konnte.[29]

POLYNESIEN: Oro glitt auf einem Regenbogen in seiner Himmelsbarke auf die Erde.[30]

FINNLAND: Kalewala: der Gott, der mit Louhi kämpft, ein gewisser Akko, rast mit einer goldenen Barke durch den »berstenden Himmel«.[31]

Viele Landungen haben eines gemeinsam: Die Götter konnten nur unter großer Rauchentwicklung und mit viel Getöse umherfliegen und -fahren. Vielleicht konnten sich die damaligen Menschen »vorstellen«, daß man neben goldenen Wagen, Schiffen, Gondeln und Bäumen Säulen oder Körbe als Fortbewegungsmittel benützen könnte, aber dann sind Begleiterscheinungen wie Rauch und Lärm völlig fehl am Platz. Warum nehmen wir diese Sagen nicht ernst? Ist es keine einleuchtende Erklärung, daß der »Himmel barst«, wenn Akko, der mit Louhi »kämpfte«, mit seinem Luftfahrzeug die Schallmauer durchbrach?

Am Anfang, als die Götter unsere Erde zum erstenmal besuchten, schien so manches bei den Landungen nicht zu klappen. Auch hierfür einige Beispiele aus dem reichen Sagenschatz der Völker der Welt:

FINNLAND: Im finnischen Epos Kalewala hören wir, daß der Gott Wäinämöinen, er war anscheinend mit seinem Fahrzeug noch nicht erfahren genug, mit dem fliegenden Himmelsei seiner Mutter zu landen versuchte. Der junge Gott scheiterte aber und stürzte ins Meer.[32]

Ähnlich ist es wohl einem anderen Göttlein ergangen. Auf den Hebriden wird noch heute von einem abgestürzten, sehr jungen Gott berichtet[33]: Vor langer Zeit fanden die Fischer von einem Netz festgehalten einen seltsamen, im Meer schwimmenden, phallischen Stein. In dem Stein – er war hohl –, so berichtet die Sage, wurde ein Sohn der Himmelsbewohner gefunden. Die Fischer nahmen den jungen Gott mit an Land und zogen ihn auf. Obgleich er sich erst an die fremde Kost gewöhnen mußte, wuchs er schnell heran. Das Fahrzeug des Göttleins, so berichtet die Sage, liegt irgendwo auf dem Meeresgrund.

Im Sudan gibt es noch heute eine merkwürdige Sage: Der göttliche Schmied schwebte an einer Bohnenranke in einem eisernen Ei der Erde entgegen. Doch noch vor der Landung riß das Ei ab und sauste auf die Erde, wo es zerbarst.

Die Sage nennt Einzelheiten. Demnach zersplitterte das Ei in vier dreieckige Stücke. Der Inhalt des Eies,

Tiere, Pflanzen, Werkzeuge, wurde in alle Richtungen verstreut. Der Gott aber wurde nie gefunden.

Diese Sage ist zu genau, um erfunden zu sein. Ein Ei zerfällt nicht, wenn es zerbricht, in dreieckige Stücke. Das widerspräche den alltäglichen Lebenserfahrungen.

Sollte ein Priester, dem die Zahl 3 heilig war, die Geschichte erfunden haben? Dann hätte er das Ei in drei und nicht in vier Einzelteile zerfallen lassen![34]

Kapitel 7
Wo schuf Gott Adam?

Da sprach Gott:
»Ich will den Menschen machen
nach meinem eigenen Bild,
mir ähnlich!«

1. Buch Moses 1,26
zitiert aus der Zinkbibel

Versetzen wir uns in die Lage der Astronautengötter. Wir sind auf einem fremden Planeten gelandet und haben auf ihm affenähnliche Lebewesen entdeckt. Wir möchten nun unsere (nehmen wir an, wir wären schon soweit) biologischen Kenntnisse einmal praktisch anwenden. Unsere Wissenschaftler beschließen, in die Genstruktur der affenähnlichen Tiere einzugreifen. Bevor wir aber diesen komplizierten Vorgang ausführen können, benötigen wir einen Ort, an dem unsere Wissenschaftler ihre Operation ungestört durchführen können.

Unsere Biologen und Mediziner könnten sich wohl für den Grund des Meeres entscheiden: als geeigneten Ort für ihr »Spezialkrankenhaus«. Denn hier können sie ihre Umwelt selbst erschaffen, eine künstliche Umwelt, mit idealen Bedingungen für die Erschaffung eines intelligenten Wesens, einer neuen Art.

Meine Spekulation:
Vielleicht verfuhren die Götter der Vorzeit auf unserem Planeten ähnlich?

In der jahrtausendealten Genesis der Bibel gibt es für diese Spekulation Indizien. Da läßt Gott (Götter müßte es heißen – Elohim; auch spricht Gott immer im Plural, was nicht der pluralis majestatis gewesen sein kann, den gab es damals noch nicht!) auf dem Meeresgrund eine Kuppel errichten, das Wasser herauspumpen und eine künstliche Landschaft errichten. Sogar die künstliche Beleuchtung wird angebracht, so daß ein Tag-Nacht-Rhythmus simuliert werden kann. In dieser Unterwassersiedlung entsteht Adam. Eva wird nach einer Operation an Adam erschaffen, wobei die Rippe des Adam als »Ausgangsstoff« benützt wird. In älteren sumerischen Keilschrifttexten kann man hier auch einen anderen Wortlaut lesen.

Die Worte für Rippe und Lebenskraft sind miteinander identisch: Wurde Eva in einer Nährlösung herangezüchtet?

Von Schet, dem künstlich erzeugten Menschen

Während man sich darüber streiten kann, ob nun eindeutig aus dem Genesistext hervorgehe, daß Eva künstlich oder nicht künstlich herangezüchtet worden ist, steht fest, daß Schet kein »normales« Kind der Eva ist.

Schet heißt nämlich übersetzt: »Setzling«.

Als ich dann im hebräischen Originaltext die Erklärung für diesen Namen las, verschlug es mir fast den Atem.

Da erklärt nämlich Eva, warum sie ihr Söhnlein Schet nannte:

Genesis 4,25: ». . . und sie rief seinen Namen ›Schet‹, denn gesetzt haben mir die Götter (Gottwesen/Elohim) fremden Samen für Häbäl (Abel), welchen Kajin (Kain) erschlug.«

Wie soll man die Tatsache, daß die Götter der Eva fremden Samen einpflanzten, anders deuten, als daß hier die künstliche Erzeugung eines Menschen vorliegt?

Völlig falsch hingegen übersetzt Luther:

»... sie gebar einen Sohn, den nannte sie Seth, denn Gott hat mir, sprach sie, einen anderen Sohn gegeben für Abel, den Kain erschlagen hat.«

Abgesehen davon, daß Luther die Einfügung »sprach sie« einfach hinzuerfunden hat, ist die Übersetzung »anderer Sohn« für »fremden Samen« geradezu grotesk falsch.

Mißerfolge besonderer Art scheinen den Wissenschaftlern nicht erspart geblieben zu sein: Es kam zu Mutationen! Riesen, ungeschlachte Wesen, entstanden. Oder sollten die Riesen gar absichtlich geschaffen worden sein? (Siehe hierzu mein Buch »Das Sphinx-Syndrom«, Langen Müller Verlag!)

Nach Beendigung ihrer Experimente beschlossen die Elohim-Götter: Wir siedeln die besten Produkte unserer Tests (Menschen und Tiere) an der Erdoberfläche an. Die weniger gut gelungenen Exemplare werden vernichtet. Mit anderen Worten: Die zufriedenstellenden Exemplare sollten aus dem Testlabor auf dem Meeresgrund geborgen, die weniger gut geratenen vernichtet werden. Deshalb erhält Noah den Auftrag, eine Arche zu bauen. Die Arche wird aber, das haben die Götter befohlen, kein »normales« Schiff im herkömmlichen Sinn. Sie ähnelt eher einem U-Boot als einer Arche. Sie wird nämlich absolut wasserdicht, tauchfest gemacht, und nicht nur am Rumpf. Dann, nachdem alle zu Rettenden verstaut sind, öffnen die Götter die »Fenster der Feste«, Wassermassen überschwemmen das Unterwasserland, und die Arche steigt höher und höher.

Kurzzeitig wird sie dann zum U-Boot, wird völlig von Wasser umschlossen, aber bald schon schaukelt sie auf dem Meer. Die von den Göttern auserwählten Menschen und Tiere sind gerettet.

Vielleicht gab es einmal eine derartige Unterwassersiedlung in der Südsee, in der Nähe der Osterinsel?

Vor langer Zeit entstand nämlich auf dem kleinen Eiland ein Mythos, in dem berichtet wird, wie der Fliegende Gott Make Make die erste Frau erschuf. Dieser phantastische Bericht deckt sich mit dem der Bibel, obgleich beide völlig unabhängig voneinander sind. Wie in der Bibel wird auch hier der erste Mensch betäubt, und eine Rippe wird ihm entnommen.

Noch heute erzählen die Osterinsulaner eine sonderbare Begebenheit, die sich vor langer Zeit abgespielt und indirekt auf eine Unterwassersiedlung in der Nähe der Osterinsel schließen lassen könnte.[35]

Irgendeinmal, in grauer Vorzeit, sollen einige einfache Fischersleute eine Entdeckung gemacht haben: Ein menschenähnliches Wesen von kolossalem Körperbau sei dem Meer entstiegen. Es habe dann seine schwarze, glänzende Haut ausgezogen und sei in Richtung des Dorfes gegangen.

Die Fischer holten Verstärkung, griffen das fremde Wesen an und töteten es. Wenige Tage nach dem Mord am Riesen tauchte ein zweiter auf, der der Sage nach möglicherweise nach seinem Bruder suchte. Auf der Insel traf er keinen Menschen an, da alle Einwohner der Osterinsel Verstecke aufgesucht hatten. Sie fürchteten, für den Mord am Riesen bestraft zu werden.

Woher mögen die Riesen gekommen sein? Etwa aus einem Labor auf dem Meeresgrund von der Art, wie es im Alten Testament der Bibel beschrieben wird? Im Alten Testament heißt es ja, daß die Riesen aus der Verbindung zwischen Göttersöhnen und Menschentöchtern hervorgingen. Haben einige dieser »Göttersöhne« versucht, dem einen oder dem anderen Riesen zu helfen? Gaben sie ihnen Taucheranzüge, um eine echte Chance zu haben? Ich darf daran erinnern, daß die auf der Osterinsel gesichteten Riesen »glänzende schwarze Anzüge« anhatten, die ausgezogen werden konnten. Waren das Taucheranzüge.

Bei meinem Besuch auf der Osterinsel im Herbst 1992 mußte ich feststellen, daß manche Einheimische nur ungern von den Riesen sprechen. Immer wieder bekam ich zu hören: »Die steinernen Statuen stellen diese Riesen dar!«

Kapitel 8
Geheimnisvolle Osterinsel[36/37]

»Make Make entführte Mata Poepoe
durch die Lüfte nach
Motu Matiro Hiva.«

(Uralte Osterinsellegende)

Die Oberfläche der Osterinsel mißt knapp 18 Quadratkilometer, sie liegt in der unendlichen Weite des Stillen Ozeans. Ihre genaue Position:

27 Grad 11 Minuten südlicher Breite und 109 Grad 16 Minuten Länge von Greenwich.

3600 Kilometer Salzwasserwüste trennen sie von der Küste Chiles, 3200 Kilometer von der Perus und 6200 Kilometer vom Neuseelandstrand.

Wenn ein Fachmann wirklich Bescheid weiß über das seltsame Eiland, dann ist das Fritz Felbermayer, dessen Buch »Sagen und Überlieferungen der Osterinsulaner« ich als Hauptquelle für die Mythologie der Osterinsulaner verwendet habe.

Herr Felbermayer, der auf 12 Osterinselfahrten das Vertrauen der Einheimischen gewonnen hat, bekam zahlreiche Mythen und Märchen der Bevölkerung der Osterinsel erzählt.

Zwar haben christliche Missionare alles getan, um den Vielgötterglauben auf der Osterinsel in Vergessenheit geraten zu lassen, sie hatten auch beachtlichen Erfolg, aber es haben sich bis in unsere Zeiten Sagen erhalten, die von Göttern, zum Beispiel dem fliegenden Gott Make Make, handeln. Lassen wir einige Episoden aus der Geschichte der Osterinsel an unserem geistigen Auge vorüberziehen. Beginnen wir mit der Besiedelung des Eilandes, fahren wir fort mit der Ankunft der Fremden aus dem All und deren Abreise und schließen wir mit dem Bericht über die fast vollständige Ausrottung der Nachfahren der Fremden ... in einem gräßlichen Massaker auf dieser »friedlichen« Insel ...

Irgendwo in der Südsee soll es einmal eine paradiesische Insel gegeben haben: Maori Nuinui, was soviel heißt wie Groß Maori. Diese Insel wurde von dem sagenumwobenen König Taenen Arei beherrscht. Nach dessen Regentschaft mußte sein Sohn Hotu Matua eine schwere Bürde übernehmen: Es galt, eine neue Heimat zu finden, denn täglich versanken immer größere Gebiete in den Fluten.

Als sich alle schon verloren glaubten, griff Make Make ein. Spät am Abend weckte der Fliegende Gott den Priester Mau Maka auf, »trug ihn durch die Lüfte« und setzte ihn auf einer diesem unbekannten Insel ab. Der Gott erklärte dem staunenden Priester genau, wie er von seiner Heimat Groß Maori aus zu der Insel gelangen könne, er zeigte ihm außerdem Felsriffe und Vulkane, »und er gab allen Dingen, die der Priester nicht kannte, einen Namen«. Am Fuße eines Vulkans geschah dann etwas Merkwürdiges: Der Priester entdeckte weiches Gestein: Lava?

Mau Maka betrachtete es neugierig, trat näher und stellte fest, daß »seine Füße einsanken«, als er einige Schritte auf dem Felsen mit der weichen Oberfläche ging. Seine Füße hinterließen Abdrücke. Make Make unterwies den Priester noch im Gebrauch von Schilfrohr zum Häuserbau, und bevor er ihn wieder durch die Lüfte zurückflog, schlug er vor, das Inselchen als neue Heimat zu benützen.

Dann flog Make Make den Mau Maka wieder zurück und setzte ihn vor seiner armseligen Behausung ab. Der Gott selber entschwand wieder in den Lüften. Gleich am nächsten Morgen ging der Priester zu seinem König, berichtete von dem Erlebnis mit dem Gott, und schon einen Tag später brachen die sieben besten Seeleute auf. Nach 30 Tagen fanden sie auch das dem Priester gezeigte Land. 40 Tage benötigten sie für die Rückfahrt. Kaum waren die sieben Seeleute wieder daheim, da mußten sie dem König Bericht erstatten. Ja, sie hätten genau dort, wo es der Priester angegeben hatte, eine Insel entdeckt, die noch unbewohnt sei. Wenige Tage danach brach das gesamte Volk von Groß Maori auf und erreichte nach 120 Tagen die Insel. Kaum hatte man die neue Heimat erreicht, da begann man auch schon, die neue Insel zu durchforschen: die einen im Norden, die anderen im Süden.

Als man sich in der Mitte der Insel traf, berichteten einige »Späher« stolz, die Spuren des Priesters, Fußabdrücke, in der inzwischen erstarrten Lava sowie die vom Priester umgeknickten Schilfrohre gefunden zu haben. Nach wenigen Tagen setzte emsiges Treiben ein. An der Stelle, die besonders geschützt vor Witterungseinflüssen war – gern zeigen die Osterinsulaner von heute jedem Touristen diesen Platz –, errichtete man die ersten Behausungen. Zunächst gab es nur ein paar Hütten, bald aber wuchs ein kleines Dorf heran. Nahezu alle Arbeiten wurden von Make Make persönlich überwacht, der seinen Schützlingen half, wo er nur konnte. Für seine Hilfeleistungen erwartete er Respekt von den Menschen. Noch heute erzählen Eltern ihren ungehorsamen Kindern die Geschichte, wie Mata Poepoe von Make Make bestraft wurde, weil er ungehorsam war.

»Make Make erzürnte sich über Mata Poepoe./ Make

Make beschloß, den Spötter zu strafen./ Er beschloß, mit dieser Strafe eine Warnung all den übrigen Bewohnern zukommen zu lassen . . ., welche seine Gebote nicht beachteten./ Make Make entführte Poepoe durch die Lüfte nach Motu Matiro Hiva./ (Anmerkung: Das ist ein kleines Felsriff ungefähr 240 Seemeilen von der Insel entfernt.) /Hier bestrafte er Mata Poepoe./ Auf diesem kleinen Felsriff mußte sich der Bösewicht nun aufhalten. Jeden Tag durfte er nur einen Fisch essen. Außerdem mußte er Regenwasser trinken.«

Viele Jahre später tauchten plötzlich die Langohren auf, merkwürdige Wesen, die sich durch ihre langen Ohren von der Urbevölkerung unterschieden.

Dieses Merkmal erinnert uns an eine Sage, die in Südamerika spielt. Vor Jahrtausenden soll eine langohrige Göttin, sie hieß Orejana, in der Nähe von Tiahuanaco, der geheimnisvollen Ruinenstadt, gelandet sein: in einem goldglänzenden Himmelsschiff. Auf der Erde gebar die Göttin zahlreiche Kinder, dann kehrte sie ins All zurück. Die Göttin hatte lange Ohren und vier Finger an jeder Hand, mit einer Art Schwimmhaut zwischen den Fingern. Mitten in der Ebene von Tiahuanaco steht das berühmte Sonnentor. Die Zentralfigur: ein vierfingriger Gott! Auch bei dem Riesen Goliath, einem der Gottessöhne, gegen den David kämpfte, stimmte die Fingerzahl nicht.

Doch zurück zur Osterinsel. Schon bald nach der Ankunft der Fremden erweist es sich, daß sie sich nicht nur durch die langen Ohren von den Ureinwohnern unterscheiden. Die Neuankömmlinge hatten eine erheblich höhere Kultur und enormes Wissen auf technischem Gebiet.

Die Langohren bewohnten damals, das wissen die Osterinsulaner heute noch, das Gebiet von Hanga Nui bis zum Berg Poike, und von dort aus besiedelten sie die

Ebene bis dicht zum stark besiedelten Anakena. Den Kurzohren gehörte der übrige Teil der Insel.

Während das Land der Kurzohren dicht besiedelt war, standen den Langohren weite leere Gebiete zur Verfügung. Schon bald nach ihrem Eintreffen begannen die Langohren, in den Steinbrüchen des Hauptvulkans emsig zu arbeiten. Dabei achteten sie stets darauf, daß sie niemals von den Kurzohren beobachtet wurden.

Heute wissen wir, daß die Langohren in den Steinbrüchen die Riesen der Osterinsel, die gewaltigen Steinkolosse, herstellten.

Nach Heyderdahl benötigten die Langohren, und diese Zahl ist eindeutig zu niedrig angesetzt, ein Jahr, um eine einzige Statue aus dem Fels zu hauen. Dann hätten die Künstler 550 Jahre arbeiten müssen. Eine beachtliche Leistung, wenn man bedenkt, daß die Wissenschaftler allen Ernstes vortragen, daß die Herstellung der Kolosse um 1550 begonnen worden sei. Dann dürften die heute auf der Osterinsel befindlichen 850 Statuen erst am Anfang des kommenden Jahrtausends fertig werden.

An eine Arbeitszeit von mehreren Jahrhunderten kann ich nicht glauben. Es gibt in der Sagenwelt der Osterinsulaner keinen einzigen Hinweis auf eine derartige Mammutarbeit, die Generationen beschäftigt haben soll. Eine altehrwürdige Sage beschreibt den Transport der Statuen.

In der Legende »Als Maori gehen konnte« wird von einer seltsamen Kraft der Langohren berichtet. Demnach konnten sie die Steinkolosse veranlassen, sich selbst an ihre Bestimmungsorte zu begeben. In einem anderen Mythos heißt es, daß die Kolosse auf Befehl der Langohren an ihren Bestimmungsort schwebten.

So plötzlich, wie die Statuenbauer gekommen waren, so plötzlich verschwanden sie auch wieder.

Eines Nachts, so berichtet eine uralte Sage, gingen sie wieder dahin zurück, woher sie gekommen waren: die Erschaffer der Riesen der Osterinsel.

Ich spekuliere:
Die Erkundungsmannschaft einer fremden Rasse wurde bei Flügen, die zum näheren Kennenlernen des neuen Planeten durchgeführt wurden, auf die Osterinsel verschlagen. Vielleicht mußten sie auf dem kleinen Eiland notlanden, vielleicht mußten sie eine Zeitlang warten, bis sie ihr Raumschiff repariert hatten. Um für spätere Generationen ein unverwüstliches Zeichen zu hinterlassen, bauten sie die Statuen . . . »nach ihrem Bilde«.

Vielleicht waren die Riesen auch als »Fragezeichen« gedacht. Würden vielleicht spätere Wissenschaftler nicht zum Schluß kommen: Das konnten die Einheimischen nicht geleistet haben!

Warum auch immer die Kolosse entstanden sein mögen, eines ist mir klar: Sie müssen von den Langohren in sehr kurzer Zeit gebaut worden sein, denn sonst wären sie in die Sagenwelt eingegangen und wir hätten Berichte von ihrer Herstellungsweise.

Ich spekuliere weiter:
Nachdem das Raumschiff wieder startklar ist, verlassen die »fliegenden Götter« die einsame Insel.

Den Abflug hält die Sage fest! Überall auf der Insel soll man einen schrecklichen Knall gehört haben, in der Nacht, als die Götter verschwanden.

»Nach dieser Nacht hörte man nichts mehr von den Meistern, die die Statuen geschaffen hatten. Niemand kennt ihr Ende.«

Später haben, auch darüber berichtet die Sage, die Osterinsulaner selbst versucht, eine Statue zu bauen.

»Nach einiger Zeit versuchten sie (die Kurzohren), einen Moai (eine Statue) zu bauen, aber er wurde so häßlich, daß die Insulaner ihn ›Tai Hara Hura‹, den Häßlichen, nannten.«

Diese eine Statue wurde mit Fäustlingen aus dem Vulkan gemeißelt und kann heute noch besichtigt werden.

Noch heute nennen die Insulaner ein häßliches Kind nach der mißratenen Steinfigur.

Massenmord auf der Osterinsel

Bleiben wir noch etwas bei den Osterinsulanern. Inzwischen ist eine Generation seit dem Verschwinden der Fremden vergangen. Die kleinen Langohren sind inzwischen erwachsen geworden. Die meisten von ihnen haben auch schon geheiratet: Kurzohrenfrauen natürlich. Meist vertrugen sich die beiden Rassen prächtig. Doch eines Tages war einer der Langohren auf dem Gebiet der Kurzohren gestorben. (Auf dem Gebiet von Vai Matraa', wo nach Langohrenbrauch auch die Grabstätte erbaut werden mußte. Die Verwandten des verstorbenen Langohrs baten also um Erlaubnis, einen Ahu, einen Grabhügel, auf Kurzohrgebiet errichten zu dürfen.)

Die Kurzohren wiesen die Trauernden zurück: Sie sollten gefälligst ihre Leichen woanders bestatten, am besten in den Höhlen, wo es niemanden stören würde. Diese Absage empörte die Langohren. Sie wollten sich rächen, sobald die verhaßten Feinde eine Schwäche zeigen würden. Am Berg Poike hoben sie einen tiefen, 500 Meter langen Graben aus, den man heute noch sehen kann. Weiterhin schleppten sie Holz herbei und füllten damit den Graben.

Die Feinde sollten zusammengetrieben, in die Falle geworfen und alle verbrannt werden. Ein Mann namens Toi erhielt den Auftrag, den Graben zu bewachen. Später sollte er das Holz anzünden. Toi war aber mit der Kurzohrenfrau Hangu Neru verheiratet. Als diese von dem teuflischen Plan der Langohren erfuhr, bat sie ihren Gatten, ihren alten Vater besuchen zu dürfen. Toi erlaubte es ihr gerne. Er glaubte nämlich, daß seine Frau von seinem Vorhaben keine Ahnung haben würde. Würde sie nun ihren Vater besuchen, dann kämen die Kurzohren nie auf den Gedanken, daß sie bald umgebracht werden sollten.

Doch es kam alles anders . . .

Als die Frau bei ihren Eltern ankam, erzählte sie gleich allen, was sie von dem Vorhaben der Langohren wußte. Der greise Vater veranlaßte sogleich eine Ältestenversammlung. Schnell kam man zu einem Beschluß: Man wollte den Langohren zuvorkommen, den Spieß umdrehen und die Langohren im Graben verbrennen. Hangu Neru, die Kurzohrenfrau, wurde wieder zurückgeschickt. Sobald sie etwas erführe, sollte sie es die Kurzohren sofort wissen lassen. Einen Tag vor dem beabsichtigten Überfall der Langohren auf die Kurzohren sammelte Toi dürres Gras, um am folgenden Tage das Holz im Graben besser anzünden zu können. Dies teilte Hangu Neru durch einen Botschafter ihrem Stamm mit. Noch am gleichen Tag wurde der Anführer der Kurzohrenkrieger informiert, der seine Soldaten sammelte und zum Kampf rüsten ließ. In der Sage heißt es wörtlich:

»Dann rückten sie lautlos vor zwischen den Felsen, einer hinter dem anderen, um Poike von Westen her zu umgehen.«

Auf ein Zeichen hin griffen alle mit fürchterlichem Geschrei an, ohne den Feinden Zeit zu lassen, sich zu sammeln oder gar Widerstand zu leisten. Die Langohren befanden sich in ihren Behausungen, sie ruhten sich aus, weil sie ja am folgenden Tage die Kurzohren ermorden wollten.

Die Kurzohren warfen Brandfackeln in die Häuser, zerstörten die Felder und töteten Männer, Frauen und Kinder. Mitleidlos wollten sie alle ihre Feinde umbringen. Dann rückten sie in Bogenform gegen den Graben vor, so daß keiner der Feinde entrinnen konnte. Alles, was die Langohren geplant und vorbereitet hatten, das führten nun die Kurzohren aus. Sie drängten ihre Gegner nach dem Graben, inzwischen hatte man das Holz angezündet, und stürzten die Langohren in das Flammenmeer. Zwei volle Tage dauerte das Massaker an. Erst dann waren die Kurzohren davon überzeugt, daß alle Langohren, die Nachfahren der fliegenden Götter, getötet worden waren. Müde von dem langen Kampf zogen sie ins Lager zurück.

Trotz des Betreibens der vielen eifrigen christlichen Missionare und einiger Epidemien sowie einiger Überfälle auf die Insel durch Sklavenhändler, denen zahlreiche Wissende zum Opfer fielen, ist uns heute bruchstückhaft noch einiges über die Religion der Osterinsulaner aus sehr frühen Zeiten bekannt.

1. Die Schützlinge des fliegenden Gottes Make Make, meist Stammeshäuptlinge, erhielten, wenn ihnen der Gott gut gesonnen war, spezielle Kleidung, die mit Federn geschmückt war.

2. Es gab Götter, die konnten die »schwarze Haut der Seerobbe« ablegen und erneut anziehen. Mit diesem Gewand konnten sie unter Wasser schwimmen und auch atmen.

3. Immer wieder soll es vorgekommen sein, daß auf der Osterinsel leuchtende Eier mit bösen Geistern darin nie-

dergingen. Die »Dämonen der Nacht« entstiegen manchmal ihren Fahrzeugen.

4. Andere Gottheiten stülpten sich den Panzer der heiligen Schildkröte über. Darin konnten sie sich sowohl unter als auch über der Wasseroberfläche bewegen.

5. Auf manchen Osterinselstatuen befinden sich kleine Bilder, die Make Make zeigen. Danach sah der fliegende Gott wie die Gottheiten Nordwestaustraliens aus . . .

Es bedarf wohl keiner allzu großen Phantasie, um in der »schwarzen Haut der Seerobbe«, die an- und abgelegt werden kann, einen Taucheranzug und in der heiligen Schildkröte ein kleines Amphibienfahrzeug zu sehen.

Bei meinem letzten Besuch auf der Osterinsel konnte ich feststellen, daß bildliche Darstellungen von Make Make in verblüffender Weise Götterdarstellungen Australiens ähneln. Sollten die Osterinsel und Australien von den gleichen Wesen aus dem All besucht worden sein?

Ebenso auffällig sind einige sprachliche Übereinstimmungen zwischen der Sprache der Osterinsulaner und dem Hebräischen. Hierzu einige Beispiele:

1. Die Kraft, mit der die Götter den Menschen helfen – im Alten Testament wie in der Osterinselmythologie –, heißt »manna«. Der Begriff kennzeichnet sowohl ideelle wie praktische Hilfe.

2. Ein berühmt-berüchtigter Mörder auf der Osterinsel heißt »Kain-ka«, der Brudermörder im Alten Testament: »Kain«.

3. Wenn die Osterinsulaner ein gewisses Gebiet nur mit Erlaubnis der Götter betreten durften, dann wurde das Land mit »tapu« belegt. Aus einer bruchstückhaft erhaltenen alten Legende wissen wir, daß nur Menschen mit spezieller Schutzkleidung und Gesichtsmaske besagte Gebiete betreten durften. Im Alten Testament verhängten die

Götter über unbewohnte Wüstengebiete das »tabu«, und auch hier durften nur Menschen mit Erlaubnis der Götter umhergehen. Immer »mit verhülltem Angesicht«. Im Gilgameschepos lesen wir, daß Menschen, die derartige Schutzgesetze verletzten, elendiglich zugrunde gingen. Sie starben, »getroffen vom giftigen Hauch des Himmelstieres.«

Kapitel 9
Das Gilgameschepos oder der Stein des Anstoßes (Kampf der Götter?)[38]

»In Mythos und Kult
werden die Erlebnisse der
Urzeit
nachvollzogen!«

(Ethnologe Konrad Th. Preuss/1933)

»Die Mythen sind Alleinbesitz
der Urzeiten gewesen und
spiegeln den Zustand
und die Ereignisse der
damaligen Gesellschaft
wider.«

(Mythologe Georges Dumezil, 1859)

Eines der ältesten Epen überhaupt ist das babylonische Gilgameschepos. Seinem Inhalt nach geht es vermutlich auf mythische Vorstellungen und Überlieferungen aus dem zweiten und dritten Jahrtausend vor Christus zurück.

Dem unermüdlichen Forschereifer des Sumerologen S. N. Kramer ist eine recht gute Übersetzung des 12tafeligen Epos zu verdanken.

Doch leider gibt es auch Forscher, die die Epen nicht nur übersetzen, sondern auch zu bearbeiten versuchen, was aber zum Glück relativ leicht erkannt werden kann. Dr. Wolfgang Briegleb und Professor Dr. Siegfried Ruff[39] ist es »schwer verständlich, wenn Assyrologen in einer Übersetzung des Gilgameschepos ›unerträglich scheinende Härten mildern‹«.

Nachdem die Götter Schamasch und Adad den Menschen Gilgamesch erschaffen hatten, versuchte die Göttin Aruru, auch ein intelligentes Wesen »herzustellen«.

Doch ihr Versuch gelingt ihr nicht ganz: Enkidu, ihr »Produkt«, ist halb Tier, halb Mensch:

»Mit Haaren bepelzt am ganzen Leibe;
Mit Haupthaar versehen wie ein Weib:
Das wallende Haupthaar wächst
ihm wie der Nisaba.
.....
So frißt er mit den Gazellen das Gras,
Drängt er hin mit dem Wilde zur Tränke,
Ist wohl seinem Herzen mit des
Wassers Getümmel.«

Mit Hilfe eines »Tricks« will man aber aus Enkidu einen »normalen« Menschen machen. Eine »Gottesdienerin« oder »Gottestochter« verführt Enkidu. Sobald dieser die gut aussehende Frau sieht, wird er sich seines eigentlichen Wesens bewußt, und er trennt sich von dem »Getier und Gewürm« und schläft mit der Gottesdienerin. Enkidu ist jetzt zwar Mensch geworden, aber seine Manieren lassen doch noch sehr zu wünschen übrig:

»Pflegt' er früher die Milch des Getiers
zu saugen
– sie setzten ihm Speise vor, er sah genau hin,
Er schaut, er guckt –
Nicht weiß Enkidu Brot zu essen.
Rauschtrank zu trinken versteht er nicht.«

So muß ihm die Gottesdienerin erst beibringen, wie man

sich als Mensch zu benehmen hat. Enkidu war aber, so berichtet das Epos weiter, ein tüchtiger Schüler, und er benahm sich schon nach wenigen Unterrichtsstunden wie seine Mitmenschen:

»Brot aß Enkidu, trank den Rauschtrank
der Krüge sieben,
Frei war sein Inneres und heiter,
Er frohlockte, und sein Antlitz strahlte.
Mit Wasser wusch er seinen haarigen Leib:
Er salbte sich mit Öl und war ein Mensch.«

Gilgamesch und Enkidu tun sich zusammen und fassen den Plan, in die Wohnung der Götter vorzudringen.

Am Ziel einer langen Reise, kurz vor der Götterbehausung, stellt sich ihnen Chumbaba entgegen. Mir scheint, daß es sich bei Chumbaba nicht um einen Menschen handelt. Beide, Gilgamesch und Enkidu, haben sehr große Angst vor dem Untier . . .

Wird Chumbaba sie . . .

»Empornehmen
und zum Himmel hinaufschaffen?«

Ein wüster Kampf beginnt, Chumbaba scheint am gewinnen zu sein, doch da geschieht etwas Merkwürdiges: Der Gott Schamasch, der Große, unterstützt Gilgamesch und Enkidu:

»Der himmlische Schamasch hörte
Gilgameschs Beten,
und gegen Chumbaba
stehn große Winde auf:
Großwind, Nordwind, Wirbelwind,
Sandwind, Sturmwind, Frostwind,

Wetterwind, Glutwind!
Acht Winde standen gegen ihn auf,
Chumbaba schlagen sie wider die Augen.
Vorwärtszuschreiten ist ihm untersagt,
Zurückzutreten ist ihm untersagt,
Da ließ Chumbaba ab!«

Ist es Gilgamesch gelungen, mit der Hilfe eines Gottes eine Kampfmaschine zum Stillstand zu bringen? Einen Roboter?

Interessanter als die nur bruchstückhaft erhaltene Beschreibung der Götterwohnung mutet so manche technische Einzelheit an, die das uralte Epos wiedergibt.

1. Neben einer Flugmaschine (Himmelstier) kommt auch eine Flugkampfmaschine (Himmelsstier) zum Einsatz.
2. Gilgamesch beschreibt verwundert eine sprechende Tür, die den Eintretenden befragt und die Antwort erst abwartet, bevor sie »öffnet«.
3. Als Gilgamesch in die Behausung der Götter eindringen will, nachdem er Chumbaba – mit Hilfe des Gottes Schamasch!!! – außer Betrieb gesetzt hat, wollen die Götter ihn mit einer phantastischen Waffe töten, die aus der Luft auf ihn niederfallen und ihn erschlagen soll. Allerdings verfehlt das »Ding«, das »Werk des Arnu«, sein Ziel, wenn auch nur knapp!

Kapitel 10
Kampfmaschinen der Götter?

»Gestrige Gestirne werden immer das Heutige zerreden.«
(Erich von Däniken)

»Die Prä-Astronautik ist zwar keineswegs bereits ein etabliertes wissenschaftliches Fach, dessen Existenzberechtigung unbestritten wäre. Dennoch scheint es an der Zeit, das bisher Erreichte systematisch zu ordnen: die mannigfachen Spuren rätselhafter Besuche aus den Tiefen des Weltalls.«
(Erich von Däniken)

Wir wissen, daß die Astronauten der Vorzeit von den Menschen wie Götter verehrt wurden – wenn wir den zahlreichen Mythen, Sagen und Legenden unserer Vorfahren glauben wollen.

Wie wirkten aber die technischen Geräte, die Apparate, die Kampfmaschinen der »Götter« auf die Menschen?

Wir wissen, wie Naturvölker heute technische Maschinen sehen. Sie beschreiben sie meist als Tiere. Durch einen glücklichen Umstand wissen wir auch, wie aller Wahrscheinlichkeit nach Steinzeitmenschen von Maschinen gedacht hätten, wenn sie welche gesehen hätten. Am Morgen des 29. August 1911[40] fanden in Kalifornien vor einer Fleischerfabrik einige Schlächter eine zusammengesunkene Gestalt. Das seltsame Wesen war nur mit einem Poncho bekleidet. Niemand wußte, was zu tun sei. Schließlich holte einer der Metzger den Sheriff, der den

»besoffenen Indianer«, der gar keiner war, verhaftete. Zwei Anthropologen, Mr. Watermann und Mr. Kroeber, kamen zu dem Schluß, daß Ischi, so nannten sie ihren Findling, der letzte Steinzeitmensch der USA war. Wie sie erfreut feststellen konnten, war Ischi sehr lernbegierig und verschlang förmlich alles, was man ihm beizubringen versuchte. Nach einigen Wochen schon sprach er einige Worte und hatte sich wunderbar eingelebt in die völlig ungewohnte Zivilisation und in seine neue Heimat, das Museum für Anthropologie. Nur ein »Wesen« jagte ihm noch Angst und Schrecken ein. Als Ischi noch in den Wäldern gelebt hatte, so machte er den Anthropologen klar, hatte er nur den »Schrei des Dämons« gehört, gesehen hatte er das entsetzliche Wesen aber noch nicht. Ende des vergangenen Jahrhunderts hatten die Indianer vor dem gleichen Ungetüm Angst. Erst als sie erkannten, daß das böse Wesen, das »feurige Roß«, nur auf dem »eisernen Pfade« wandeln konnte, verloren sie langsam die Furcht. Allmählich hörten sie auch Berichte, wonach Menschen siegreich gegen das schnaubende Wesen gekämpft hätten und daß man es durch Steinhaufen von seinem eisernen Pfad abbringen könne.

Die Eisenbahn war besiegbar und schlug nicht zurück, wenn man gegen sie vorging.

Warum ist es für die meisten Wissenschaftler eine Selbstverständlichkeit, daß Naturvölker noch im 20. Jahrhundert in Maschinen Dämonen sehen, gleichzeitig aber völlig unverständlich, daß die Menschen der Vorzeit auch Maschinen sahen, die sie als recht technisch wirkende Monster beschreiben? Die Beschreibungen, die Naturkinder, Mitglieder von nichtzivilisierten Stämmen, von Maschinen anfertigen ... kann man in ähnlicher und nicht selten identischer Form ... in Jahrtausende alten Mythen finden!

Im »Reader's Digest« vom April 1964 (Seite 111) fand ich einen zwar sehr kurzen, aber außergewöhnlich interessanten Artikel. Da heißt es:

»Als ein Indianerdorf in Alberta eines Frühlings überschwemmt wurde, schickte die ›Royal Guardian Airforce‹ Hubschrauber, um die Einwohner des Indianerdorfes zu retten. Nach einiger Zeit glaubten die Piloten, ebenso wie sie alle Indianer retten könnten, auch das Meer ausschöpfen zu können, denn die Zahl der zu rettenden Indianer schien kein Ende nehmen zu wollen. Schließlich hatte jemand die ›geniale‹ Idee, die ausgeflogenen Indianer zu zählen. Das Ergebnis mutete seltsam an: Es waren schon 130 Prozent – und mehr – der indianischen Dorfbesiedelung ausgeflogen worden. Eine Erklärung des merkwürdigen Phänomens fand sich bald: Die geretteten Indianer paddelten schnell wieder ins Dorf zurück, um erneut gerettet zu werden.

›Wir wollten schon immer einmal in dem Vogel mit den gläsernen Augen fliegen!‹ erklärte einer der Indianer.«

Menschen unserer Zeit, manche Indianer in abgelegenen Gebieten Nordamerikas, die Aborigines Australiens, die Pygmäen und andere Ureinwohner Afrikas, einige kleine Nomadenstämme Chinas, sie sehen die Technik des 20. Jahrhunderts und beschreiben sie mit den Worten der Menschen, die vor Jahrtausenden lebten.

Liegt hier nicht die Vermutung nahe, daß in den Mythen, die vor Jahrtausenden entstanden, auch technische Geräte, Maschinen, Kampfroboter beschrieben werden?

Ich habe mir erlaubt, unter diesem Aspekt die Mythologie verschiedener Völker zu untersuchen, und bin zu erstaunlichen Ergebnissen gekommen. Da wimmelt es von

Beschreibungen von technischen Apparaten, Maschinen und sonstigem merkwürdigem Gerät.

1. Die Mythologie der Griechen[41]

Herakles erhält von Eurystheus den Auftrag, das Land von den »Untieren« der Götter zu befreien. Diese Ungetüme waren meist von den Göttern eingesetzt worden, um gewisse Landstriche vor Eindringlingen zu bewahren. Herakles mußte sich also nicht nur vor den »Monstern« in acht nehmen, sondern auch die Rache der »Götter« fürchten, die ja zum Teil die Maschinen gebaut, zum Teil in Auftrag gegeben hatten.

Der erste Auftrag lautete: Herakles soll den Nemeischen Löwen vernichten. (Anmerkung: Wir dürfen uns durch die Tiernamen nicht beirren lassen, das Eiserne Roß hat auch keine Ähnlichkeit mit einem Pferd und ist, obgleich es in vielen indianischen Fabeln und Mythen vorkommt, dennoch kein erfundenes Fabelwesen.)

Mit normalen Waffen konnte Herakles nicht gegen das merkwürdige »Tier« ankämpfen, da dessen Fell so »geschmeidig hart wie Stahl« war und »weder Eisen, Erz noch Stein« es durchdringen konnten.

Der »Löwe«, der angeblich vom Mond auf die Erde herabgefallen war, wird schließlich von Herakles besiegt.

Die zweite Aufgabe führt Herakles in den Sumpf von Lerna. Dort muß er gegen ein vielköpfiges Ungetüm ankämpfen. In manchen Sagen wird von dem «giftigen Hauch des Tieres« gesprochen.

Der fünfte Auftrag lautet: Herakles soll die Stymphaliden töten, Wesen, die an ihren eisernen Flügeln Pfeile haben, die nach Belieben abgeschossen werden können. Konstruiert hat der Sage nach der Kriegsgott Ares diese merkwürdigen Vögel. Wolfgang Schadewaldt bezeichnet in seinem Buch »Griechische Sternsagen« die Stymphaliden als Raketen[42].

Im achten Auftrag soll Herakles die »Rosse der Diomedes« vernichten, die von Diomedes als Hinrichtungsmaschinen benützt werden: In eisernen Kisten werden die zum Tode Verurteilten den Pferden »zugeführt«. Auch hier siegt Herakles.

In seinem neunten Abenteuer besteht Herakles gegen ein Meeresungetüm. Dieser Kampf wird genau in den Sternsagen beschrieben. Herakles stieg in den Rachen des Tieres und blieb drei Tage und drei Nächte im Leib des Ungetüms.

So lange benötigte er, um dessen Innenleben zu zerstören. Nach dem Kampf war das »Tier« nicht mehr verwendbar.

Um seinen zehnten Auftrag ausführen zu können, mußte Herakles den Ozean überqueren. Zur Überfahrt stand ihm ein Wunderschiff zur Verfügung, das kein »normales« Schiff war. Es gehörte dem Sonnengott und schwebte über dem Wasser dahin.

(Es besteht die Aussicht, daß auch Normalsterbliche demnächst in einem derartigen Fahrzeug den Ozean überqueren können. Den Ärmelkanal kann man ja schon in einem Luftkissenfahrzeug überqueren, und das gleiche plant man mit einem größeren Modell für den Ozean.)

Meine Theorie: Die Götter setzten Kampfmaschinen ein, um ihre Siedlungen abzusichern. Die Menschen wußten nicht, wie sie in ihrer Sprache diese Maschinen beschreiben sollten. Vergleiche mit Tieren boten sich an. Um sie verständlicher zu machen, ließen die Erzähler oft die »tierischen« Eigenschaften der seltsamen Wesen nach und nach überwiegen. Aus zahlreichen griechischen Sagen erfahren wir, daß Perseus im Besitz eines großen Flugapparates gewesen sein soll, mit dessen Hilfe er große Strecken in kürzester Zeit zurücklegen konnte. Wir erfahren weiter, daß die Söhne des fliegenden Gottes der Winde, Zetes, begleitet von Kalais, in Luftmaschinen mit eisernen Flügeln durch die Lüfte brausten. Wir lesen mit Schrecken, wie der übermütige Sohn des Sonnengottes, der junge Phaeton, seinen Vater förmlich zwingt, ihm die Sonnenbarke auszuleihen. Unerfahren wie der junge Phaeton war, geriet ihm das Himmelsschiff seines Vaters bald aus der Kontrolle. Die Erde, so berichtet die Sage, sei auf den Gott zugerast, in dem Himmelsfahrzeug sei es allmählich heiß geworden. Zeus erkannte sofort, daß Phaeton nicht mehr zu retten war. Gleichzeitig aber wußte er, daß viele Menschen getötet würden, falls das Raumschiff auf den Siedlungsgebieten der Menschen niederginge. Gerade noch rechtzeitig gelang es ihm, die Himmelsbarke in der Luft zu zerstören, wobei er seine fürchterliche Waffe, den Todesblitz, benützte. Der verglühte Rest von Phaetons Raumschiff soll im Fluß Ariadnos niedergegangen sein. Die gleiche Waffe benützte Zeus auch gegen Menschen, die versuchten, sich seinen Befehlen zu widersetzen. So schlug er Iason mit seinem tödlichen Blitz, »weil eine Göttin sich diesen Menschen zum Gefährten ihrer Liebe erwählt hatte«. Hatte er nicht befohlen, daß Erdenmänner sich nicht mit »Göttinnen« einlassen dürften?!?

Inkonsequenterweise hatte Zeus nichts dagegen, wenn sich »Götter« Menschenmädchen zu »Gefährten ihrer Liebe« machten. Eines Tages, so berichten verschiedene Sagen, gingen mehrere Mädchen, darunter Orethyia, an den Ufern des Illisos spazieren. Da tauchte plötzlich der

Gott des Nordwindes in seiner Flugmaschine auf, entführte Orethyia, die ihm besonders gefiel, trug sie durch die Lüfte und brachte das Mädchen in ein fremdes Land.

Setzen wir das Sammelsurium von Kuriositäten aus der griechischen Mythologie fort: Wir erfahren, daß der Meeresgott Poseidon oft in einem fliegenden, silbernen Himmelsei umherraste. Perseus, so berichten zahlreiche Sagen, reiste mit einer großen Flugmaschine umher, um sich Geliebte zu verschaffen. Er war es auch, der die bildhübsche Andromeda befreite, die deren Vater den Göttern opfern wollte. Die Rettung wäre ohne die Flugmaschine unmöglich gewesen, weil das Mädchen nur aus der Luft entführt werden konnte, da sie an einem unzugänglichen Ort an einem Felsen festgekettet worden war.

Einst sollen laut einer anderen Sage die Götter versucht haben, mit Hilfe von Flugmaschinen eine seltsame Baumart in Griechenlands Wäldern anzupflanzen. Die Bäume waren weder Laub- noch Nadelbäume. Ihre Früchte sollen wie Kirschen ausgesehen, aber keinen Kern gehabt haben. Doch diese fremdartige Baumart vertrug das irdische Klima nicht.

In nicht wenigen Sagen hören wir von dem genialen Erfinder Daidalos, dessen Erfindungen und Konstruktionen im grauen Altertum sich einer sehr großen Beliebtheit erfreuten. So stattete er den Palast von Kamikos, einer Stadt in Sizilien, mit einer Vielzahl seiner Erfindungen aus. Eine davon sollte ihm später das Leben retten. In seinem Schloß besuchte ihn nämlich einmal unangekündigt Minos: Er wollte ihn töten! Doch der geniale Mensch hatte vorgesorgt. Im Bad hatte er ein kompliziertes Röhrensystem eingebaut. Als sich Minos wusch, wurde er mit siedendem Pech übergossen.

So »bewährte« sich die Röhrenanlage.

2. Roboter in der Mythologie verschiedener Völker!

Vermutlich wichtiger als alle seine übrigen Erfindungen zusammen waren die Roboter, die der berühmte Daidalos baute. Diese »lebenden Statuen«, wie sie manchmal genannt werden, konnten viele Aufgaben, die sonst Menschen zu erledigen gehabt hätten, übernehmen und perfekt ausführen.

Den Robotern begegnen wir aber nicht nur in der griechischen Mythologie, sondern auch im Alten Testament, wo sie als Gehilfen der Götter gefährliche Aufgaben erfüllen müssen.

Einige von ihnen werden vor der atomaren Vernichtung von Sodom und Gomorrha in die beiden Städte geschickt, um Lot und dessen Familie sowie seine nächsten Verwandten zu warnen und zu retten. Ebenso im Auftrag der Astronautengötter bewachen mit fürchterlichen Waffen ausgerüstete Cherubim Gebiete, die von Menschen nicht betreten werden dürfen. Mit dem »flammenden blitzenden Schwert« sind sie den Menschen mit ihren primitiven Waffen haushoch überlegen.

Im Mahabharata[43] wird von einem Roboter berichtet, den der »allwissende Vasudeva« gebaut haben soll. Zum Einsatz kam diese Maschine allerdings nur einmal.

Erich von Däniken[44] vertritt in seinem Buch »Zurück zu den Sternen« die Meinung, daß der im Gilgameschepos beschriebene Hüter des Gottesbezirkes, Chumbaba, auch ein Roboter war. Er beruft sich dabei auf eine Reihe von Texten, die James Pritchard im Jahre 1950 in »Ancient Near Eastern Texts« herausgab. Demnach war Chumbaba weder Mensch noch Tier, noch Gott. Die Zähne Chumbabas sollen wie Drachenzähne gewesen sein. Auch Enkidu, der Chumbaba beschreibt, weiß nicht, was er von dem Ding halten soll.

Mein Fazit: Es ist endlich an der Zeit, daß sich Fachgelehrte einmal heilige Bücher und Mythen nochmals in der Originalsprache vornehmen. Oftmals sind die heute benutzten Übersetzungen 100 und mehr Jahre alt. Sie entstanden zu Zeiten, in denen technische Gerätschaften wie Roboter und Kampfmaschinen vollkommen unbekannt waren. Noch so korrekte Übersetzer waren schlichtweg überfordert, wenn es darum ging, etwa Beschreibungen technischer Apparaturen vom Griechischen ins Deutsche zu übersetzen. Mit dem Hintergrundwissen unserer Tage müssen die alten Texte nochmals neu übersetzt werden – ohne Scheu vor kühnen Gedanken!

Kapitel 11
Bemerkungen über die Medizin der Astronautengötter

»Und sie waren doch da!«

(Josef F. Blumrich)

Die Größe seines Wagens will ich jetzt verkünden: Er geht dahin, indem er zerschmettert, donnernd ist sein Geräusch. An den Himmel rührend, fährt er dahin und auch über die Erde, indem er Staub schleudert!«

(Rig Veda)

Ungefähr 18 Kilometer von den weltberühmten Höhlen von Lazaret, Frankreich, entfernt fand ein Wissenschaftler des C. N. R. S. (Centre des Recherches Scientifiques) vor etwa 20 Jahren Spuren eines Primitivmenschen[45], der vor einer Million Jahren lebte.

Ganz in der Nähe dieser bekannten Fundstätte wiederum wurde eine weitere kleine Höhle entdeckt, der man anfänglich in Fachkreisen kaum Aufmerksamkeit schenkte. Auf dem 25 Quadratmeter großen Boden dieser kleinen Höhle fanden sich zahlreiche Knochen von den verschiedensten Tieren, von Elefanten, von Nilpferden, von Rhinozerossen, Löwen, Hyänen und sogar von Meerkatzen. Es wurden auch diverse Walknochen gefunden. Der Italiener Peter Kolosimo hält diese Höhle für einen vorgeschichtlichen Zoo. Ich halte sie für die Überreste eines Forschungszentrums der raumfahrenden Götter. Offenbar wurden hier auch Menschen traktiert. Wie mag man sie behandelt haben? Man fühlt sich an das Horrorszenario eines Science-fiction-Films erinnert. Fragen über Fragen ergeben sich: Wieso ließ man die Versuchstiere einfach verhungern? Wann und warum wurden die Experimente plötzlich abgebrochen?

In »Reader's Digest« vom Januar 1966 veröffentlichte Albert Rosenfeld den Artikel »Wird der Mensch seine eigene Evolution vorausbestimmen? Die Wissenschaft wird uns bald in die Position von Göttern versetzen«[46].

Albert Rosenfeld fragt:

»Hätten Sie gern ein größeres Gehirn?
Was halten Sie von einem Heilmittel gegen das Altern?
Möchten Sie gern elternlose Kinder nach Wunsch?«

Und Rosenfeld gibt unmißverständlich zu verstehen, daß der Mensch irgendeinmal all diese Dinge tun können wird. Er wird vorausbestimmen können, wie groß seine Kinder werden sollen, welches Geschlecht sie haben, welche Haar-, welche Hautfarbe sie haben werden . . . all das wird man im voraus festsetzen können! Die Frage lautet nicht, *ob* dies alles möglich sein wird, die Frage lautet vielmehr: *Wann* werden wir soweit sein? E. S. E. Hafez, Biologe an der staatlichen Universität von Washington, so berichtet Rosenfeld, habe einen deutschen Freund und Kollegen gebeten, ihm aus Deutschland 100 hochwertige Schafe zu schicken. Wenige Tage später kam dann mit der Post bei Hafez ein Hasenweibchen an. Ein Irrtum? Keineswegs! 100 Schafembryos, nur wenige Tage alt, wuchsen im Hasenweibchen weiter. Einige Monate später wurden dann die gewünschten Schafe geboren – von Schafen, denen die Embryos eingepflanzt worden waren.

Nach Ansicht von Dr. Hafez wird man in absehbarer Zeit folgende Szene erleben können: Eine Frau geht in einen »Baby-« oder besser gesagt »Embryoladen«. Dort werden Embryos in einer Art Kühlschrank aufbewahrt. Die

Frau hat eine große Auswahl. Sie kann den Aufschriften auf den Plastiktüten, in solchen befinden sich die Embryos, entnehmen, welches Geschlecht, welche Haarfarbe, welche Größe, welche Hautfarbe, welchen IQ ihr Kind haben wird und vieles mehr . . . Nachdem sie die »Ware« bezahlt hat, wird sie einen Facharzt aufsuchen, der ihr das ungeborene Kind einpflanzen wird. Nach 8 bis 9 Monaten wird dann das Wunschkind zur Welt kommen. Was vielleicht schon zu Beginn des nächsten Jahrtausends für alle Frauen der Welt möglich sein wird, das konnten die Königinnen Indiens, dank der Unterstützung durch die Götter der Vorzeit, schon vor Jahrtausenden.

»Nala und Damayanti«[47], einer Episode aus dem Mahabharata, entnehme ich folgende hochinteressante Geschichte:

Im Vidarbaland herrschte der große Bhima, der einer der größten Helden seiner Zeit gewesen sein soll. Nur einen Wunsch konnte sich der Monarch nicht erfüllen: Er wollte sehnlichst einen Nachfolger und wenn möglich noch weitere Kinder. Davon erfuhr der brahmanische Rsi. Die Rsis, so müssen wir wissen, waren die Vermittler zwischen den Menschen und den fliegenden Himmelsgöttern. Als der brahmanische Rsi einige Tage bei dem königlichen Ehepaar weilte, wurde ihm genau mitgeteilt, wie sich die beiden ihre Kinder wünschten. So zahlte es sich schließlich aus, daß der große mächtige Damana dem Ehepaar gut gesonnen war. Er ließ ihnen schon bald durch einen Rsi drei Mädchen- und drei Knabenperlen zukommen. Von diesen »pearls« (Perlen) wurde die Königin schwanger. Die Kinder, die sie im Laufe der nächsten Jahre gebar, hatten genau die gewünschten Eigenschaften. Im uralten Epos wird übrigens berichtet, daß die Kinder verschiedenen Gottheiten recht ähnlich sahen . . .

Doch kehren wir zu dem medizinischen Artikel im »Reader's Digest« zurück. Zahlreiche amerikanische Wissenschaftler, so heißt es weiter, seien der Ansicht, daß der Embryo gar nicht mehr der Frau eingepflanzt werden müsse. »Eines Tages werden Embryos in Glasvitrinen herangezogen werden.«

In unseren Tagen werden Veränderungen am genetischen Erbmaterial schon vorgenommen – bei Pflanzen, aber auch schon bei Säugetieren wie Mäusen. Ende des 20. Jahrhunderts werden bereits genetisch manipulierte Tiere »zum Patent« angemeldet. Der Mensch hat sich bereits, ob wir das gutheißen wollen oder nicht, zum Schöpfer aufgeschwungen. Und niemand vermag wirklich zu sagen, wie weit Gentechniker in Geheimlabors schon sind! Deutlich treten 1995 die Gefahren der modernen Wissenschaft zutage. Gewissenlose Genetiker könnten in vielleicht schon naher Zukunft Soldaten »erzeugen«, die keinerlei Selbsterhaltungstrieb, keine Angst, kein Gewissen kennen. Andererseits mag es möglich sein, bislang unheilbare Krankheiten wie etwa AIDS wirkungsvoll zu bekämpfen.

Dann wird der Mensch so mächtig sein, wie es einst die Besucher aus dem All waren . . . Göttern gleich. Doch welche Instanz, welcher Wissenschaftler, welcher Staatsmann, welcher Philosoph, welcher Theologe wird entscheiden, welche Eigenschaften »gut« und welche »schlecht« sind?

Schon heute gibt es in den Ländern der »zivilisierten Welt« Spermabanken. Schon ist es Frauen möglich, sich auf dem Wege der künstlichen Befruchtung schwängern zu lassen. Ihnen wie den klinisch gezeugten Kindern sind die biologischen Väter nicht bekannt. In Spermabanken der Zukunft wird es möglich sein, sich gezielt den Samen von herausragenden Persönlichkeiten, etwa von Sportskanonen oder genialen Wissenschaftlern, zu besorgen. Und eines Tages wird man ganz gezielt Kinder mit ganz konkreten Wunscheigenschaften produzieren. Eine Horrorvision? Nicht minder utopisch mutet ein weiteres Projekt an. Ende der 70er Jahre des ausgehenden 20. Jahrhunderts wurde in Frankreich die »Association Cryonic Française« gegründet. Dieser Verein hat sich eine sicherlich nicht leichte Aufgabe gestellt. Er möchte es Verstorbenen möglich machen, irgendeinmal in der Zukunft wieder zu leben.

Dazu benützen die Mitglieder die Technik des Einfrierens. Diese Methode wird als Kryogenie bezeichnet.

Zur Zeit ist es nur möglich, bereits verstorbene Menschen einzufrieren, was in Amerika schon relativ häufig praktiziert wird. Aber auch in den USA gestattet der Gesetzgeber das Einfrieren von Lebenden nicht.

Die Leichname werden wie folgt behandelt: Nach dem Einfrieren wird der Körper des Toten in einem isolierten Behälter aufbewahrt, der mit flüssigem Stickstoff gefüllt ist. Somit hat er eine Temperatur von minus 196 Grad. Natürlich finden auch bei derart niedrigen Temperaturen Vorgänge, Veränderungen im Gewebe statt. Aber: Bei einem Leichnam, der vorschriftsmäßig auf minus 196 Grad abgekühlt wurde, ändert sich in einer Milliarde Jahren genausoviel wie bei einem lebenden Menschen in einer Millionstel Sekunde. Der Behälter, der gewöhnlich für das Aufbewahren der Eingefrorenen benutzt wird, besteht aus doppelseitigen Stahlwänden, ist 0,6 mal 2,5 Meter groß und faßt 250 Liter Stickstoff.

Laufend muß neuer Stickstoff hinzugefügt werden, denn jeden Monat verdampft ein Drittel des teuren Gases. Deshalb kann es sich heute auch nicht jedermann leisten, eingefroren und irgendeinmal in der Zukunft auferweckt zu werden.

Es ist, nebenbei bemerkt, auch nicht ratsam, sich unter den gegenwärtigen Voraussetzungen einfrieren zu lassen. Es wäre besser, noch einige Jahre zu warten, bis die Hauptunzulänglichkeiten der Kryogenie beseitigt sind. Durch das Einfrieren werden nämlich die Zellwände zerstört, doch zahlreiche Wissenschaftler arbeiten zur Zeit daran, derartige Nebenerscheinungen, die ein Weiterleben später unmöglich machen dürften, zu umgehen. Angeblich wurden schon Teilerfolge erzielt. Sollten ähnliche »Konservierungsmaßnahmen« schon zu Zeiten der »Astronautengötter« bekannt gewesen sein? Im alten Griechenland soll ein junger Mann namens Endymion gelebt haben und doch zugleich irgendwie tot gewesen sein: »Also schläft Endymion in all seiner Schönheit in einer Grotte im Latmosgebirge.«

Zum Abschluß des medizinischen Kapitels will ich noch einige interessante Kuriosa bieten. Im Jahre 1964[49] wollten Wissenschaftler anhand einer Mumie feststellen, wie dick die Arme des Toten umwickelt worden waren. Zu diesem Zweck lieh man sich vom Darlington Museum eine Mumie aus und fertigte mehrere Röntgenaufnahmen an. Was sie entdeckten, hielten die jungen Wissenschaftler für sensationell:

Mit einem sauberen Schnitt war die rechte Hand vom Arm getrennt und durch eine künstliche ersetzt worden.

Seltsamerweise schenkte man in Frankreich der künstlichen Hand kaum Aufmerksamkeit.

Der Direktor des Instituts für Orientalistik erklärte damals lediglich, man habe das erste Beispiel für die Verwendung von künstlichen Gliedmaßen in der Antike vor sich. Interessanter als das Alter dieser einen besonderen Prothese wäre, wann die erste Prothese überhaupt verwendet wurde.

Wäre es nicht angebracht, alle Mumien für Röntgenuntersuchungen aus den Museen zu holen, wo sie von eifrigen Museumsdienern emsig abgestaubt, aber ansonsten weniger von Wissenschaftlern als von Touristen beachtet werden?

In dem Buch des Schriftstellers Ceram »Der erste Amerikaner«[50] wird über einige äußerst interessante Funde berichtet (Seite 109ff.): Unweit von der Tseahatsohöhle, in der die säuberlich vom Rumpf getrennten Unterarme und Hände eines Mannes gefunden wurden, entdeckte man die Leiche eines Mannes, der nach seinem Tod in genau zwei gleiche Teile geschnitten und wieder zusammengenäht worden war.

Anderenorts wurden Gräber entdeckt, die nur Schädel, sauber von nicht auffindbaren Rümpfen getrennt, oder Gräber, die nur Körper ohne Köpfe und Arme enthielten.

Ceram betont, daß die Funde in keinerlei Zusammenhang stehen. Die fehlenden Körperteile konnten übrigens bis heute nicht gefunden werden.

Kapitel 12
Bemerkungen über die Baukunst der Astronautengötter

»Gigantische Blöcke aus hartem Basalt hatte man wie Käse geschnitten und sorgfältig, ohne Fugen und Löcher, aneinandergepaßt. Die rätselhaften Schöpfungen mit ihren eleganten, glatten Wänden standen lange Zeit wie Festungen überall auf der Insel.«

(Thor Heyerdahl)

Aus dem altindischen Mahabharata erfahren wir Erstaunliches über die Baukunst der »Götter«. Hauptsächlich im II. Buch des großen Epos wird über die Prachtbauten des Chefarchitekten Maya berichtet. In Indraparastha errichtete Maya den schönsten Palast. Das Bauwerk hatte sieben Stockwerke und war in sehr hellen Farben gehalten. Viele Forscher der Gegenwart behaupten allerdings, daß es diesen Palast niemals gegeben habe.

Der unbekannte Dichter habe lediglich die Großartigkeit seines Herrschers symbolisch darstellen wollen. Von symbolischer Bedeutung sei auch die Zahl der Stockwerke . . . sieben. Die Sieben ist aber bei den Indern keine heilige Zahl gewesen. So unterteilt man das Mahabharata in 18 und nicht in sieben Unterkapitel. Zu Beginn von Buch II des Mahabharata erfahren wir von Duryodana, der längere Zeit als Gast im geheimnisvollen Palast weilte:

»Eines Tages lustwandelte Duryodana im Palast, da kam er zu einem kristallenen Fußboden; er hielt ihn für Wasser und hob sein Gewand bis über die Knie. Das rief bei allen große Heiterkeit hervor. Duryodana war tief beschämt. Nach einiger Zeit kam er zu einer Stelle, an der das Wasser eingelassen und Lotusblumen mit kristallenen Blättern standen. Da der König nun alles für festen Boden hielt, schritt er darauf und fiel in das Wasser.« Seine Kleider waren völlig durchnäßt. Wenig später sollte das Schlimmste erst kommen. »Eines Tages hielt er wieder trockenen Boden für Wasser und hob seine Gewänder, und wieder lachten Bhima und Arjuna herzlich darüber. Einmal verwechselte Duryodana eine geschlossene Tür mit einer offenen ›. . . und da sie aus Kristall war . . .‹ stieß er mit dem Haupte an die verschlossene Tür. Er fühlte heftigen Schmerz in der Stirn. Dann wieder hielt er ein offenes Tor für ein geschlossenes, und während er mit seiner ausgestreckten Hand zu öffnen versuchte, glitt er aus und stürzte zu Boden. Die Pandavas hatten an alldem ihren Spaß und begrüßten jedes von Durydanas Mißgeschikken mit lautem Lachen.«

Im II. Buch werden an anderer Stelle weitere Einzelheiten über den wundervollen Palast angegeben:

»Im Gärtchen des Palastes legte Maya einen Brunnen an, in dem Lotusblumen blühten. Dieser Brunnen war so klar, daß sich auf dem Grunde kein Schlamm befand. Marmortafeln, in die Edelsteine eingelegt waren, umkleideten ihn. Wenn die Leute (Menschen im Gegensatz zu Göttern!) diesen Brunnen mit seinem durchsichtigen Wasser sahen, an dessen Oberfläche die grünen Pflanzen blühten, hielten sie ihn für festen Boden und fielen ins Wasser.«

Peter Kolosimo gibt in seinem Buch »Sie kamen von einem anderen Stern«[51] den Bericht des Jägers, Forschers und Indienreisenden H. J. Hamilton wieder:

»Mit einmal gab der Boden unter meinen Füßen mit einem eigenartigen Knirschen nach. Ich brachte mich in

Sicherheit, dann erweiterte ich mit dem Gewehrkolben das Loch, das sich aufgetan hatte, und ließ mich schließlich hinuntergleiten. Ich fand mich in einem langen engen Raum, in den durch die Einbruchstelle im Gewölbe Licht fiel. Ganz hinten sah ich eine Art von Tisch und einen Stuhl, die aus dem gleichen Urkristall gemacht waren wie die Wände. Auf dem Stuhl kauerte eine wunderliche Gestalt, deren Umrisse ganz vage an eine menschliche Gestalt erinnerten. Als ich sie aus der Nähe ansah, entdeckte ich etwas, was mich mit Schauder erfüllte. Unter dem ›Glas‹, mit dem die ›Statue‹ überzogen war, konnte ich haargenau ein menschliches Skelett in all seinen Einzelheiten erkennen.«

Wirklich äußerst phantastisch! Doch leider verliert der Bericht an Glaubwürdigkeit, da nicht näher angegeben wird, wo in Indien Hamilton seine Entdeckung gemacht haben will.

Glaubt man Herrn Kolosimo, dann müssen derartige kristallene Bauwerke in Indien relativ häufig vorkommen. Stammen sie alle von dem sagenhaften Baumeister Maya?

Von dem indischen Maya zu den Mayas in Mittelamerika.

Folgende Sage[52] wurde gern von den Mayas, aber auch den Inkas und Azteken erzählt. Uitzilopochtli spielt in dieser Sage die Hauptrolle. Auf Befehl des Gottes wurden alle Flüsse und Bäche auf dem Gebiet von Tollan gestaut, so daß sich bald ein See bildete. Auf diesem See ließ der Gott das Bildnis einer wunderschönen Siedlung entstehen.

Damals konnten sich die Indianer nicht vorstellen, was geschehen war. Aber auch die Wissenschaftler von heute bieten keine plausible Erklärung an für dieses Phänomen.

Ich spekuliere: Die fremden Astronauten kannten damals schon die dreidimensionale Photographie. Mit Hilfe von Laserstrahlen projizierten sie auf die spiegelglatte Fläche des Sees das dreidimensionale Bild einer Siedlung. Übrigens sollen es die Menschen den »Göttern« damals sehr übelgenommen haben, daß sie die schöne Siedlung nicht behalten durften.

Auch was Illusionen angeht, waren die Astronauten Künstler.

Die vorgespiegelte Baukunst war den Menschen damals ein Anreiz, und man versuchte, die von den Göttern gezeigte Bauweise nachzuahmen.

Im alten Indien wimmelte es vor Jahrtausenden am Himmel nur so von Götterfahrzeugen. Die heiligen Bücher des Landes sind voll von präzisen und detailfreudigen Beschreibungen, die oft so exakt sind, daß die Himmelsgefährte nachgebaut werden könnten. Unzählige Tempel Indiens sind nichts anderes als auf die Erde geholte, in Stein verewigte Raumschiffe prähistorischer Astronautengötter. So wurde die Architektur sakraler Bauten von den Fremden aus dem All massiv beeinflußt. Darüber berichte ich ausführlich in meinem Buch »Das Sphinx-Syndrom« (siehe: »Tempel, Raumschiffe und Atombomben, S. 141–152).

Kapitel 13
Bemerkungen über die Waffen der Astronautengötter

»Und vor dem Tor lagerten die Engel mit dem Flammenschwert.«

(I. Mose 3, Vers 24)

Bleiben wir im alten Indien und lassen uns die verschiedenen Waffen der Götter vorführen.

Die Waffe, die am leichtesten zu handhaben war, war die Gattung der Wurf- oder Diskuswaffen.

Zu dieser Waffenart gehörte zum Beispiel die »Chakra«. Der Vorteil dieser Waffen bestand darin, daß sie gezielt gegen einzelne Personen eingesetzt werden konnten, ohne daß dabei – wie es bei den größeren Waffentypen der Fall war – die Menschen und Tiere in der unmittelbaren Umgebung des Einzelopfers gefährdet wurden. Man konnte die »Chakra« innerhalb von größeren Zimmern wie im freien Raum einsetzen, und das recht wirkungsvoll!

Im II. Buch des Mahabharata heißt es:

»Deshalb soll er nun von meiner Hand sterben.

So sprechend, schleudert er die Chakra gegen Shispula, die augenblicklich den Kopf des Königs der Chedis von seinem Leibe trennte und wieder in die Hand Vasudevas zurückkehrte.«

Darüber, so heißt es weiter,

». . . erhob sich großer Aufruhr in der Halle.«

Gefährlicher waren schon die Strahlenwaffen (Laserwaffen). Wir erinnern uns daran, daß Zeus oft diese Waffengattung gegen Menschengruppen, aber auch gegen einzelne Personen und kleinere Ziele einsetzte.

Nicht nur die Götter waren mit diesen Waffen ausgerüstet, auch vertrauenswürdige Menschen erhielten kleinere Waffen von den Göttern. Freilich kam dies nicht oft vor. So erhielt die schöne Damayanti eine Blitzwaffe. Im XI. Kapitel von »Nala und Damayanti«, einer »Episode aus dem Mahabharata«, erfahren wir, daß das schöne Mädchen allein durch den Wald irrte: auf der Suche nach ihrem Gatten. Dort trifft sie auf einen Jäger . . . Doch lassen wir den Mythos selber sprechen:

»Als der Jäger nun merkte, daß sie (Damayanti) nur mit einem halben Tuchgewand bedeckt war, und ihre vollen Brüste und runden Hüften, ihre überaus zarten, untadeligen schönen Glieder sah und ihr Antlitz, das dem Vollmond glich, ihre geschwungenen Augenlider und als er ihre liebliche Stimme hörte, da überwältigte ihn die Begierde. So versuchte er nun, sie mit freundlichen, sanften Worten zu gewinnen, da ihn Liebesverlangen quälte. Das durchschaute die Schöne. Und als die gattengetreue Damayanti erkannte, daß er ein Lüstling war, da entbrannte sie vor Zorn und war von heftiger Wut erfüllt.

Er aber, der niederträchtige Bursche, wollte ihr voll heftigen Verlangens Gewalt antun.«

Die direkte Anwendung der Waffe Nala Damayantis wird nicht beschrieben, aber deren fürchterliche Auswirkung:

». . . So stürzte der Jäger entseelt zu Boden wie ein vom Blitz getroffener Baum!«

Sollte Damayanti eine Minilaserwaffe benützt haben, so

wäre hier die Wirkung einer solchen Waffe exakt beschrieben ...

Im II. Buch des Mahabharata erfahren wir von einem anderen Menschen, der die Gunst der Götter gewonnen hatte und der von den Astronauten Waffen erhielt.

So hatte er einen »unerschöpflichen Köcher«, der wahrscheinlich mit einem Magazin ausgerüstet war und deshalb einen Pfeil nach dem anderen nachschob. Wir lesen weiter, daß Arjuna auf Gott Shiva trifft und ihn um eine Waffe bittet. Shiva ist dazu bereit:

»O mächtiger Held, ich will dir meine Lieblingswaffe geben. Doch mußt du dich vorsehen, daß du sie nicht falsch anwendest!«

Wie Shiva versprochen hatte, so zeigt der Gott Arjuna, wie man die Waffe anwendet, er verschafft ihm sogar die Möglichkeit, die Götterbehausung einmal aufzusuchen. Shiva steigt in sein Himmelsfahrzeug, und Arjuna, der kleine Mensch, bleibt zurück. Er kann sein Glück nicht fassen.

Schließlich betet er zu ...

»Shiva, dem Herrn des Alls, der mit Una, seiner Gemahlin, in den Wolken verschwand. Arjunas Herz war voll unendlicher Freude und Seligkeit.«

Weitere »Götter« besuchen den Menschen: Yama, Varuna, Kuvera und Indra. Indra will Arjuna gleich in die Behausung der Götter fliegen, von den übrigen Göttern erhält er Waffen. Interessiert ist er vor allem an der Antardhanawaffe, über die das Epos schreibt:

»Diese besaß die Kraft, den Gegner einzuschläfern.«

Indras Angebot nimmt er dankend an:

»Betend bestieg er den Streitwagen, den Matali lenkte, und erreichte die Wohnung der Götter.«

Nach längerem Aufenthalt bei den Göttern in deren Himmelswohnung wird Arjuna im »Himmelsstreitwagen« Indras, »den der göttliche Wagenlenker führte«, zurückgeflogen.

Im VII. Buch des Mahabharataepos wird auf beeindruckendste Weise die Wirkung der Götterwaffen beschrieben.

Doch erst als der Kampf der Helden seinen Höhepunkt erreicht, wird die schreckliche Waffe eingesetzt:

»Aswathama . . . rief:

›So sei denn der gesamte Stamm der Pandavas vernichtet!‹

Um den heftigen Stoß (des Angriffs) abzuwehren, gebot Vasudeva Arjuna, die Waffen abzuschießen, die Drona ihm einst gegeben hatte.

Seinem Geheiß Folge leistend, feuerte Arjuna die Waffen ab, denen die Kraft innewohnte, die Vernichtung abzuwenden, die Aswathama angestrebt hatte.

Die Waffen schossen hoch in die Lüfte, und Flammen brachen aus ihnen hervor, die dem großen Feuer glichen, das die Erde am Ende des Erdzeitalters verschlingt. Tausende von Sternschnuppen fielen vom Himmel, die Tiere in den Gewässern und auf dem Lande zitterten vor Angst. Die Erde erbebte.«

Während seiner Gymnasialzeit trug Verleger und Autor Michael Hesemann in seinem vorzüglichen Manuskript »Bevor die Sintflut kam« verschiedene Waffenbeschreibungen aus Mahabharata und Ramayana zusammen. Da ist von einem Geschoß die Rede, von dem ein einziges mit der »Kraft des Universums ausgestattet« ist, »eine weißglühende Säule von Rauch und Flammen, so hell wie zehntausend Sonnen«. Und weiter: »Die unbekannte Waffe ist ein strahlender Blitz, ein verheerender Todesbote, der alle Angehörigen der Vrischni und der Andhala zu Asche zerfallen ließ. Die verglühten Körper waren unkenntlich. Denjenigen, die davonkamen, fielen die Haare und Nägel aus. Töpferwaren zerbrachen, Vögel wurden weiß. In kurzer Zeit war die Nahrung giftig. Der Blitz senkte sich und wurde feiner Staub. Um diesem Feuer zu entkommen, stürzten sich die Soldaten in die Flüsse, um sich und ihre Ausrüstung zu waschen.«

Grauen befällt den Leser. Aber da wird kein Hiroshima vor ca. 50, sondern vor 40 000 Jahren beschrieben. Texte wie diese erfordern keinerlei Interpretation mehr: »Es war, als seien die Elemente losgelassen, die Sonne drehte sich im Kreise. Von der Glut der Waffen versengt, taumelte die Welt in Hitze, . . . Tausende von Wagen wurden vernichtet, dann senkte sich tiefe Stille. Es bot sich ein schauerlicher Anblick: Die Leichen der Gefallenen waren von der furchtbaren Hitze verstümmelt, daß sie nicht mehr wie Menschen aussahen.«

Hans-Werner Sachmann hat den grauenhaften Waffen der Astronautengötter ein ganzes Buch gewidmet. Er schreibt: »Es gibt im Mahabharata immer wieder Aussagen, die zweifelsohne auf einen atomaren Vernichtungskrieg deuten. Alle Anzeichen sprechen dafür. Die Einzelheiten zeigen eine zu genaue Übereinstimmung; man kann sie nicht einfach mit dem Begriff ›Zufall‹ abtun: den Blitz, die Hitze, die folgende Dunkelheit, das Aufkommen des Sturmes, die Zerstörung, die radioaktiven Strahlungsschäden. Sogar die Ereignisse nach einem derartigen Geschehen, z. B. das Einsetzen des radioaktiven Staubregens, sind an nicht wenigen Stellen der indischen Mythologie geschildert.« So weit Sackmann.

Für mich gibt es keinen Zweifel: Die Astronautengötter der Vorzeit setzten atomare Waffen ein. Das beweisen die uralten Texte, deren drastische Sprache nicht mißzuverstehen ist.

Ich habe für 1995 eine Forschungsreise nach Indien geplant, auf den Spuren der Astronautengötter, worüber ich zu gegebener Zeit berichten werde.

Kapitel 14
Vom Niedergang der menschlichen Art

»Und der Herr sprach:
Es ist ein Geschrei zu
Sodom und Gomorrha, das
ist sehr groß, und ihre
Sünden sind so schwer.« (I. Mose, 18, Vers 20)

Wie berichtet, mußte man aus dem mißratenen Enkidu (Gilgameschepos) erst einen »Homo sapiens« machen.

In seinem Buch »Ägyptische Geschichte« berichtet der antike Schriftsteller Herodot (489–424 v. Chr.) von Wesen, die sowohl Menschenfrauen als auch Tiere gewesen sein sollen. Ebenso wie Enkidu paarten sich im Mündungsgebiet der Araxes (Persien) Menschen mit Fischen: So sollen Fischmenschen entstanden sein.

Handelt es sich bei solchen Berichten um Erinnerungen an Zwitterwesen der Vorzeit?

Über die Existenz derartiger Wesen berichtet ja schon Platon (427–347 v. Chr.), der Philosoph und Wissenschaftler, in mehreren Schriften. So behauptet er, daß es einst nicht zwei, sondern drei Geschlechter auf Erden gegeben haben soll. Zahlreiche alte Texte berichten auch, daß es zu Rückfällen des Homo sapiens in tierische Vergangenheit gegeben haben soll.

Erinnern wir uns an Theseus! Die sieben Jünglinge und sieben Jungfrauen, die dem mißratenen Minotaurus »geopfert« wurden, dienten doch nur zur sexuellen Belustigung des Königssohnes!

Und nochmals Herodot: Zur »Belustigung« höfischer Gesellschaften soll sich ein Weib mit einem Bock gepaart (»vermischt«) haben.

Warum gibt es so viele Darstellungen, die Wesen halb Mensch, halb Tier zeigen? Was sollen sie bedeuten?

Herodot schreibt, daß man darüber nicht sprechen dürfe. Doch nicht nur Menschen haben sich sexuell mit Tieren abgegeben. Derartiges soll auch unter Göttern vorgekommen sein!

In Bolivien soll in grauer Vorzeit dereinst einmal eine Göttin gelandet sein, wie üblich in einem goldenen Himmelsei, und sich mit einem Tapir (!) gepaart haben!

Die Götter, die sich mit Tieren »vermischten«, waren jedoch bei den Kollegen sehr unbeliebt!!

So wurde der Gott Nanautzin[53], wie eine Sage der Inkas berichtet, wegen seines unmoralischen Lebenswandels zurück zu den Sternen geschickt.

Begleitet wurde Nanautzin von Tecuitecatl.

Weit unmoralischer als bei den Göttern ging es aber in der Regel bei den Menschen zu.

Das Mahabharata berichtet im III. Buch, daß überall in Indien auf Befehl des Königs sogenannte Lusthäuser zur Erbauung der Völker errichtet wurden. Aus dem gleichen Epos erfahren wir von einer neuartigen Form der Ehe: Mehrere Männer heiraten eine Frau. Im I. Buch des Mahabharata heiraten fünf Brüder eine Frau, die gleiche.

Im gleichen Buch: Zehn Brüder ehelichen die gleiche Gattin!

Den »Griechischen Sternsagen« entstammt folgendes Kurzzitat:

»Und so mußte Herakles als Sklave zu Omphale, der Königin von Lydien, und mußte er, der große Held, nun die unerträgliche Schande leiden. Sie befahl ihm, die Löwenhaut abzulegen und Weiberkleidung anzuziehen.«

Was er sonst noch tun mußte, verschweigt die Sage lieber. Erinnern wir uns, daß die Gottesdienerinnen in verschiedenen Ländern, wie zum Beispiel in Indien, nicht mehr ihren eigentlichen Beschäftigungen nachgingen. Die Götter hatten sie ja beauftragt, die Tempelanlagen in Ordnung zu halten. Aber sobald die Götter länger ausblieben, wurden die Tempel als Bordelle benutzt. Langsam, aber sicher entarteten die Zuchtexemplare der Götter. Drohte die künstlich herbeigeführte Evolution sinnlos gewesen zu sein? Die Götter mußten ihr Werk gefährdet gesehen haben. Sie wollten ja eine intelligente und ethisch sowie moralisch hochstehende Menschenrasse züchten. Als nun aber die Entartung ganzer Menschengruppen beängstigende Ausmaße annahm, beschlossen die Götter, reinigend einzugreifen.

Besonders schlimm müssen die Verhältnisse in Sodom und Gomorrha gewesen sein. Im Alten Testament (I Mose 19) wird berichtet, daß die Elohim (die Gottwesen) diese Städte vernichten wollten. Nur einige Menschen sollten verschont werden. Trafen die Götter eine Zuchtauswahl? Deshalb wurden kurz vor der Vernichtung der beiden Städte zwei Engel zu Vater Lot geschickt, um ihn und seine Familie zu warnen. Doch kaum waren die beiden Fremden in der Stadt aufgetaucht, da wurden sie auch schon von den Einwohnern belästigt. Zunächst glaubte Lot noch, die Fremden seien gekommen, um bei ihm zu übernachten, doch sie erklärten sofort, nachdem sie die aufdringlichen Einwohner der Stadt vertrieben hatten (diese wollten den Fremden »beiwohnen«), ihre Mission:

»Und die Männer sprachen zu Lot:

›Hast du hier noch einen Schwiegersohn in der Stadt und Töchter und wer dir sonst noch angehört, den führe weg von dieser Stätte hier. Denn wir werden diese Stätte verderben, weil das Geschrei (der schlechte Ruf) über sie groß ist vor Jahwe; der hat uns gesandt, sie zu verderben.‹«

Noch in der gleichen Nacht warnt Lot seine Bekannten und Verwandten, doch sie glauben ihm nicht. Am frühen Morgen drängen die Fremden Lot und seine Familie zum Aufbruch. Widerstrebend folgt Lot, und dessen Angehörige lassen sich nur mit Mühe überreden, mitzukommen.

Gerade noch rechtzeitig hatten die »Engel« die Familie Lot gewarnt und gerettet.

Nachdem sie die Stadt verlassen und sich im Gebirge in Sicherheit gebracht hatten . . .

»ließ der Herr Schwefel und Feuer regnen vom Himmel herab auf Sodom und Gomorrha und vernichtete die Städte und die ganze Gegend und alle Einwohner der Städte und was auf dem Land war«.

Am nächsten Morgen hat dann Abraham aus der Ferne den Ort betrachtet, auf dem tags zuvor noch zwei Städte gestanden waren.

Die Beschreibung der Verwüstung der beiden Städte (1. Mose 19,27) erinnert an eine atomare Vernichtung. Warum mußte Lot seine Familie ins Gebirge retten? Um vor den atomaren Strahlen geschützt zu sein?

Gunar von Schlippe, Hamburg, mußte zugeben (in seinem Beitrag zu »Waren die Götter Astronauten?«), daß . . .

»ein Vergleich mit den uns bekannten Auswirkungen einer Atombombenexplosion *tatsächlich naheliegt«.*

Dies gilt auch für die Beschreibung, die Abraham uns von den Überresten der Stadt gibt:

». . . Da ging ein Rauch vom Lande wie ein Rauch von einem Ofen.«

Und das gleiche gilt auch für eine Beschreibung aus dem Mahabharataepos:

»Die Yadaws machten sich wenig Sorgen um ihre Zukunft. Sie begannen ein leichtsinniges Leben zu führen, sie verloren die Achtung vor den Eltern und lebten ein Leben der Sünde. Die Frauen waren zügellos, und die Männer betrogen einander. Da erkannte Vasudeva, daß die Zeit für die Vernichtung für die Yadaws angebrochen war. Noch am Abend der Vernichtung wurden Orgien gefeiert.«

Sie . . .

»fuhren alle in ihrem Streitwagen zu diesem Platz. Die Frauen begleiteten sie. Als sie den Platz erreichten, belegten sie alle Häuser, die sie vorfanden, mit Beschlag und vertrieben sich die Zeit mit lauter Lustbarkeit.«

Dann folgte eine Schreckensnacht, die keiner überlebte. Wahrscheinlich kam dabei Shivas Lieblingswaffe zum Einsatz, die im VII. Buch so drastisch in ihrer Wirkungsweise beschrieben wird:

»Die Waffen schossen hoch in die Lüfte, und Flammen brachen aus ihnen hervor.«

Immer wieder griffen die Götter in das Leben der Menschen ein. Degeneriertes Leben vernichteten die Götter, während sie hochwertiges förderten und als Zuchtmaterial weiterverwendeten. Die Götter kamen in Himmelsfahrzeugen. Hatten sie auch die fürchterlichen Waffen installiert, Waffen, mit denen sie ganze Städte dem Erdboden gleichmachten?

Kapitel 15
Bemerkungen über die Raumfahrzeuge der Astronautengötter

Während meines Studiums der evangelischen Theologie übersetzte ich umfangreiche Passagen des Alten Testaments vom Hebräischen ins Deutsche.

Nachfolgend möchte ich einige Verse aus dem Buch des Hesekiel wiedergeben. Sie stammen vom Anfang des 1. Kapitels.

»1.1. Und es geschah im dreißigsten Jahr, am fünften Tag des vierten Mondes, da war ich inmitten der Deportation am Fluß Kebar, da wurden die Himmel geöffnet, und ich sah Erscheinungen Gottes.

1.2. Am fünften Tag hinsichtlich des Neumonds, im fünften Jahr der Verschleppung von König Jojachim,

1.3. da geschah ein Geschehen (gemeint: da geschah ganz sicherlich), das Wort Jahwes dem Ezechiel, dem Sohn des Busi, dem Priester, im Lande der Chaldäer am Fluß Chebar; und dorthin kam sie auf ihn, die Hand Jahwes.

1.4. Und ich sah und siehe: Ein Sturmwind ist gekommen von Mitternacht (Norden) her: eine große Wolke voller Feuers, und er (der Sturmwind) leuchtete von allen Seiten und aus seiner Mitte, entsprechend dem Aussehen der Gestalt Hasmal.«

Soweit meine wortgetreue Übersetzung.

In der Bibelübersetzung des Johannes Enter, im Jahre MDCCLXV (1765) herausgegeben und mit einem Prolog von Luther versehen, lautet die Übersetzung von Hesekiel 1.4. wie folgt:

»1.4. Und ich sah, und siehe, es kam ein ungestümer Wind nach Mitternacht her, mit einer großen Wolke voll Feuers, das allenthalben umher glänzte, und mitten in demselben Feuer war es wie Licht (a) hell.«

Dann folgt eine Fußnote, die den Begriff »wie Licht hell« näher erklären soll. Da heißt es (a):

»Im Hebräischen stehet: die Gestalt Hasmal, das will niemand wissen, wer es sey.«

Wer war Hasmal? Handelte es sich da um eine Person? Vielleicht gar um einen Astronauten? NASA-Ingenieur Josef Blumrich, den ich um Auskunft bat, meinte: »Vielen Dank für Ihren interessanten Brief. Ich will gleich auf die von Ihnen zitierte Bibelstelle eingehen – auf den Namen Hasmal. Die Stelle bezieht sich, wie aus dem Zusammenhang hervorgeht, nur auf den Feuerstrahl, der vom Triebwerk nach unten schießt. Ich habe in dem für mein Buch benutzten jüdischen Kommentar nachgesehen, und folgende Version für den letzten Teil des vierten Verses fand ich:

›Und aus der Mitten daraus war wie die Farbe des Elektrum.‹ Als Fußnote steht dazu eine Erklärung für electrum: ›electrum: das hebräische Wort chasmal bedeutet eine Art von hellem Metall. Es ist ein Fremdwort und wahrscheinlich identisch mit dem akkadischen esmaru, polierter Bronze, und dem ägyptischen chesmen, Bronze.‹ Das Ganze steht auf Seite 3 des Kommentars. Damit ist also Luthers Bemerkung geklärt.«

Ich frage nochmals: Handelt es sich bei Hasmal um einen Namen einer Person im Himmelsfahrzeug oder lediglich um ein technisches Detail? Vermutlich trifft letzteres zu.

Doch zurück zu meiner Übersetzung: Sie klingt oft etwas ungewohnt, weil sie sich wörtlich an den hebräischen Text hält:

»1.5. Und darinnen war es wie vier Gestalten Lebendiger; und jenes: ihr Ansehen (oder Aussehen!): Menschenkörperlichkeit war ihnen. (Sie hatten Menschengestalt.)

1.6. Jedem einzelnen waren vier Angesichte, jedem einzelnen waren vier Flügel!

(Wörtlich eigentlich: jedem einzelnen: vier Gesichter ihnen, jedem einzelnen: vier Flügel ihnen.)

1.7. Ihre Beine: gerade, und ihre Füße: wie Füße von einem Rinde (Kalbe), glänzend wie glattes Kupfer!

(Wörtlich: glänzend entsprechend dem Aussehen Kupfers.)

1.8. Und Menschenhände: unter ihren Flügeln an ihren vier Seiten!

Und ihre Gesichter (Antlitze) und ihre Flügel, vier davon hatten sie (wörtlich: vier!).

1.9. . . . ihre Flügel, jeder mit seinem Nachbarn verbunden, jeder in Richtung seines Gesichtes (Antlitzes), so gingen sie!

1.10. Die Form (Gestalt/Aussehen) ihrer Gesichter: entsprechend einem Menschengesicht,

rechts: entsprechend einem Löwengesicht, allen vieren, links (von links): entsprechend einem Stiergesicht, allen vieren, und allen vieren ein Adlergesicht!

1.11. Ihre Antlitze (Gesichter), ihre Flügel waren ausgebreitet, zwei sich berührend, zwei ihre Leiber bedeckend.

1.12. Ein jeder ging in Richtung seines Gesichtes, so gingen sie und gingen, wohin sie der Geist hingehen ließ, und sie drehten sich nicht beim Gehen!

1.13. Und die lebenden Wesen waren gestaltet (freier: und das Aussehen der vier lebenden Wesen war folgendermaßen:)

ihr Aussehen war wie feurige Kohlen, entsprechend

Fackeln; und es ging (das Feuer) zwischen den lebendigen Wesen, und es war Glänzendes am Feuer und aus dem Feuer kam ein Blitz!

1.14. Und die lebenden Wesen liefen hin und kehrten um, entsprechend dem Anblick des Wetterleuchtens (Blitzes?)!

1.15. Und ich sah die lebendigen Wesen! Da: je ein Rad auf der Erde! Neben den vier lebendigen Wesen, in Richtung auf ihre vier Angesichte hin!

1.16. Das Aussehen der Räder (war) entsprechend dem Aussehen von Kalzedon (Chalzedon) und alle von der gleichen Gestalt (waren) die vier!

(Oder: und alle vier Gestalten hatten gleiche Räder/und allen vier Rädern war einerlei Gestalt.)

Und ihr Ansehen (Aussehen): als wäre ein Rad inmitten des anderen Rades.

1.17. In Richtung ihrer vier Seiten gingen ein Gehen sie, nicht drehten sie sich um!

1.18. Und ihre Flügel hatten Schwungmacht! Denen war Fürchterlichkeit! Und ihre Felgen: voller Augen waren sie rundherum, den vieren (den vier Gestalten/bei den vier Gestalten).

1.19. Und wenn die lebendigen Wesen gingen, so gingen die Räder neben ihnen, und wenn sich die lebendigen Wesen hoben, so hoben sich die Räder!

1.20. Und wohin der Geist sie gehen ließ, dahin gingen jene, denn dahin ließ der Geist auch sie gehen, und die Räder hoben sich gleichzeitig mit diesen, denn es war die Seele des Lebendigen in den Rädern.

1.21. Wenn sie gingen, so gingen auch sie.

Wenn sie standen, so standen auch sie.

Und wenn jene sich weg vom Erdboden erhoben, so erhoben auch die Räder sich mit ihnen gleichzeitig!

Denn der Geist des Lebendigen war ja in ihnen.

1.22. Und über den lebenden Wesen waren Häupter (Köpfe/Gesichter), und darüber war es geformt wie ein Gewölbe! Wie ein Gewölbe schrecklichen Eises, ausgebreitet genau über ihren Köpfen (Häuptern).

1.23. Unter dem Gewölbe: da waren sie gerade, ihre Flügel, jeder in Richtung auf seinen Partner, zwei hatte jeder . . .

1.24. Und ich vernahm den Schall ihrer Flügel, entsprechend dem Schall großer Wasser! Entsprechend dem Schall des Gewaltigen (war es), wenn sie gingen!

Ein schallendes Schallen, entsprechend dem Schallen eines Heereslagers!

1.25. Und wenn sie standen, so ließen sie herabhängen ihre Flügel! Ein Stimmenschallen (Schallen von Stimmen) war in dem Gewölbe über ihnen.

1.26. Und über dem Gewölbe, welches über ihren Köpfen war, wenn sie standen, ließen sie herabsinken ihre Flügel. Und über dem Gewölbe, das über ihren Köpfen war, da war es anzusehen wie Saphirsteine!

Und entsprechend einem Stuhl, und auf dem Wesen des Stuhles, da war es anzusehen wie ein Mensch darauf!

1.27. Und ich sah: entsprechend dem Aussehen von Asemerz, entsprechend Feuer, welches von einem Gehäuse umgeben ist, vom Anschauen von seinen Hüften (von Oberhalb seiner Hüften ab) und vom Aussehen seiner Hüften nach unten, da sah ich: entsprechend wie Feuer, welches glänzt um und um!

1.28. Entsprechend dem Bogen, der in den Wolken entsteht am Regentag, so war das Glänzende umher anzusehen. So war das Aussehen der Gestalt von Jahwes Erscheinung!

Und ich sah und fiel auf mein Angesicht!«

Soviel zu Hesekiels Bericht. Ich meine, meiner Übersetzung merkt man sehr deutlich an, wie sehr sich Hesekiel um eine treffende Beschreibung des ihm unbegreiflichen Himmelsfahrzeuges bemühte.

Daß Hesekiel Raumschiffe sah und sehr exakt beschrieb, das hat ja bereits der NASA-Ingenieur Josef Blumrich bewiesen – in seinem Buch »Da tat sich der Himmel auf«.

Hesekiels Staunen über das merkwürdige Flugobjekt, seine Beteuerungen, daß das Beschriebene wahr sei, was im Hebräischen durch »Verdoppelung« geschieht (ein Sehen sah ich = ich sah ganz gewiß!), sein Staunen, sein Entsetzen, all das ist nur im Hebräischen wirklich erkennbar. Die Übersetzungen sind eigentlich alle bereits Interpretationen und Andeutungen!

Josef Blumrich schrieb mir, nachdem ich ihm meine Übersetzung des Hesekielstextes zugeschickt hatte, u. a.:

»Vielen Dank für die Übersetzungen. Ich bin natürlich froh, daß nirgends etwas aufgetaucht ist, was meine Deutung widerlegen könnte. Stellen wie 1.18. Schwungmacht kommen sogar noch stärker in meiner Richtung heraus.«

Hesekiels Bericht entstand um 600 vor Christus. Bedeutend älter sind im Vergleich dazu altägyptische Beschreibungen von Göttern und deren Fahrzeugen.

Schon 2500 vor Christus wurden die ersten Passagen des berühtem Totenbuches der Ägypter schriftlich fixiert. In dem bekannten Werk findet sich eine Menge von Beschreibungen von Götterfahrzeugen.

So wird zum Beispiel die erste Sichtung eines Götterfahrzeuges am Himmel im Ägyptischen Totenbuch wiedergegeben. Dort heißt es, ich zitiere wörtlich[54]:

»Gestern sah ich die Geburt des Ra (das ist die fliegende Himmelsbarke), der aus den Tiefen des Weltenraums erschien!«

Wie treffend ist doch diese Beschreibung!

Der Betrachter sah am Himmel ein kleines Pünktchen, das immer größer wurde und so in den Augen des beobachtenden Ägypters »vom Himmel geboren wurde«.

Aus dem gleichen Werk stammen die folgenden Verszeilen:

»Toth bin ich wahrhaftig! Ein Gott fürwahr, die (Sonnenscheibe) Sonnenbarke begleitend, während sie das Himmelszelt durchzieht! Wie ein Falke dringe ich in den unermeßlichen Himmel!«

Aufschlußreich sind die verschiedenen Anreden, mit denen die Menschen ihren Göttern entgegentreten. Hierzu ein Beispiel aus vielen:

»Gesegnet seien euere Namen! Ihr Götter, Ordner der kosmischen Rhythmen!«

Sehr interessant ist auch, daß nicht selten die Götter mit ihren Himmelsbarken gleichgesetzt werden. Auch hierzu ein Belsplel:

»Sei mir gegrüßt, o Ra! (Himmelsbarke, aber auch der fliegende Gott). Über dem Horizonte, gleich Tum steigst du auf! Und gleich Horus-Khuti erreichst du die Höhe am Himmel! . . . Denn wahrlich, sie sind schön, deine Strahlen! Wenn du auf der Höhe des Himmelsgewölbes vorbeiziehst in all deiner Herrlichkeit! Mit mächtigen Schritten durchziehst du den Himmel.«

Die letzten Textstellen, die ich aus dem Ägyptischen Totenbuch zitieren möchte, sind Aussagen von Göttern über sich selbst und über ihre Fahrzeuge:

»Ich bin der Gott Rerti, Ras Erstgeborener! ... Inmitten der himmlischen Wüste! Den vorgeschriebenen Umlauf habe ich vollbracht! Und folge den Bahnen, auf welchen die Barke Tums segelt!«

Ein anderer Gott:

»Ich bin der Gott Tum, einsamer Wanderer inmitten der Himmelswüste! Sehet, wie ich von Strahlen umleuchtet bin!«

Immer wieder wird von Göttern und Göttinnen, die in Welten- oder Himmelseiern die Tiefen des Alls durchziehen, berichtet.

Einmal wird sogar von der Wirkung der Zeitverschiebung gesprochen.

Ein Gott sagt da:

»Und mein Name: Geheimnis! Ich bin das Gestern! Der Beschauer von Jahrmillionen! So ist mein Name! Die Pfade des Himmels durchlauf' ich!«

Für einen Astronauten, der mit Fastlichtgeschwindigkeit durchs All rast, schleicht die Zeit tatsächlich dahin. In Erdenzeit gemessen, durchrast ein Astronaut dann Jahrmillionen das All!

In fast allen Legenden haben die Himmelsfahrzeuge einen gemeinsamen Antrieb: das Feuer!

Im ältesten Literaturdenkmal Indiens, dem Rig Verda[55], entstanden in der ersten Hälfte des zweiten vorchristlichen Jahrhunderts, finden wir zahlreiche Gedichte, die das Feuer oder die Götter des Feuers preisen. Die Darstellung des Feuers mutet seltsam an: ein Rad, dessen

Speichen Flammen sind. Das gleiche Symbol wird oft als ein Zeichen für die Antriebskräfte der Himmelsbarken verwendet.

Schon in den ältesten Gedichten wird berichtet, daß die »Götter« stets verkündet hätten, sie würden nicht für immer auf der Erde bleiben, aber sie würden auch dereinst wiederkehren: mit der Hilfe des Feuers!

»Feuer! Feuer (ist im Indischen männlich) ist es, der die Himmlischen (Götter) hierherfahren wird!«

Alle Götter hatten Flugmaschinen, von denen viele mit Feuer angetrieben wurden. Manche dienten nur der Fortbewegung, andere waren mit Waffen ausgerüstet und wurden bei Kämpfen eingesetzt:

»Die gesamte Schöpfung fürchtet sich vor ihm (Parjanya) mit seinen schrecklichen Waffen; auch der Unschuldige weicht von ihm, der Stierkräfte hat, wenn er, Parjanya, donnernd die Übeltäter erschlägt.«

Wenn in einer uralten nordamerikanischen Legende berichtet wird, daß dereinst Donnervögel von den Sternen gekommen sind und die Götter gebracht haben, dann liegt doch der Schluß nahe, daß es sich bei den Donnervögeln um Raumschiffe gehandelt hat.

Viele Überlieferungen dieser Art wurden im Laufe der Zeit verfälscht, einfach weil die Menschen, die sie weitergaben, deren technischen Background nicht verstanden. Aber auch solcherart veränderte Sagen und Mythen muten oft immer noch technisch an oder lassen sich technisch erklären. Noch heute wird von zahlreichen Indianerstämmen Nordamerikas von seltsamen fliegenden Steinen erzählt, die gar keine Steine waren. Von heute auf morgen sollen sie in verschiedenen Gebieten der USA vom Himmel gefallen sein, meist kugelförmig und sehr hart. Oben waren sie meist leicht abgeplattet. Nach einiger Zeit flogen die »Steine« wieder gen Himmel. Um Meteoriten kann es sich also in keinem Fall gehandelt haben. Es wird sogar berichtet, daß einmal einige von Feinden verfolgte Indianer einen derartigen Stein erklommen hätten, dann habe sich dieser erhoben und sei langsam durch die Lüfte gen Himmel gefahren. So seien die Indianer gerettet worden. Nach einiger Zeit sei der Stein an einem anderen Ort wieder gelandet, die Indianer seien abgestiegen, und der Stein sei wieder im blauen Himmel verschwunden!

Erich von Däniken berichtet in »Zurück zu den Sternen« von Tausenden von künstlich geschaffenen Steinbällen, die im Dschungel des zentralamerikanischen Staates Costa Rica liegen.

Was sollen diese Steine, die einen Durchmesser von einigen wenigen Zentimetern bis zu 2,5 Metern haben, darstellen? Sollen die Steingebilde Modelle von Luft- oder Raumfahrzeugen der »Götter« in stilisierter Form sein? Wie wurden die großen Exemplare hergestellt?

Wie konnte man die perfekte Kugelform erzielen?

Wer hat die Wundersteine fabriziert? Zu welchem Zweck?

Sollten sie der Nachwelt ein Zeichen hinterlassen?

Wenn ja, was für eines?

Versteht man vielleicht die Botschaft der Steinbälle nicht mehr, weil man viele von ihrem ursprünglichen Aufstellungsort weggerückt hat? Viele wurden sogar zerschlagen! Ist dadurch die Riesenzeichnung, die die Steine einmal bildeten, zerstört oder unleserlich geworden?

Vielleicht wird das Rätsel der Steinbälle wie so manches andere nie gelöst werden können!?!

Kapitel 16
Zurück zu den Sternen

Irgendeinmal in der Vergangenheit haben die fremden Astronauten beschlossen, nach einem Aufenthalt auf der Erde wieder zu den Sternen zurückzukehren.

Aber bevor sie in ihre Heimat zurückkehrten, versprachen sie den Menschen, wiederzukommen.

In einem uralten Text wird über das Abschiednehmen der scheidenden Götter berichtet:

»Er (Gott) erinnert die Seinen an ihre himmlische Heimat und belehrt sie über den Rückweg.

Er überliefert ihnen vor allem die heiligen Formeln, die sie kennen müssen, um beim Aufstieg die sieben verschiedenen Planetensphären, die Wachstationen der kosmischen Mächle, zu passieren.«

Soweit der vorchristliche Text. Es ist erstaunlich, wieviel wissenschaftlich Richtiges und die Astronautentheorie Unterstützendes in wenigen Sätzen enthalten ist:

1. Die eigentliche Heimat, der Ursprung des Menschen, liegt in den Sternen.

2. Die Erde ist der 3. Planet, der 7. Planet von außen gerechnet; 7 Planetensphären müssen also durchdrungen werden, wenn man die Erde und unser Sonnensystem verlassen möchte.

3. Die anderen Planeten sind keinesfalls nur Lichter am Himmelszelt; sie sind vielmehr – wie die Erde – Planeten und für fortgeschrittene Wissenschaftler mit der dazu nötigen Technik . . . durchaus besiedelbar.

4. Offenbar gab es auf den übrigen Planeten Stützpunkte der Astronautengötter.

Doch kehren wir zum Text zurück:

»In seinen Reden offenbart er sich als der von der Ferne Gesandte.

Nachdem er sein Werk vollendet hat, steigt er empor und bahnt so den Weg, auf dem die Seinen folgen werden.«

Ich frage: Wann werden die Menschen zu den Sternen zurückkehren???

Zahlreiche Mythen und Sagen berichten, wie Götter in der Vergangenheit, nachdem sie auf der Erde gelebt hatten, den blauen Planeten wieder verließen.

Im Gilgameschepos beschreibt der Held seinem Freund Enkidu, der sich zumindest die Feindschaft, wenn nicht gar den Haß der Fremden zugezogen hat, wie die Götter dereinst wieder zu den Sternen zurückkehren werden[56]:

»Dann werden die Lichtglanzstrahlen in der Wirrnis verschwinden, und ihr Strahlenkranz wird sich verdunkeln.«

Von Indien nach Mexico![57] Der Sage nach trafen sich die Götter an dem Ort Teotihuacan, einem geheimnisvollen Platz, der schon seit Urzeiten Ruine gewesen sein soll.

Angeblich trafen sich dort die »Götter«, um sich zu beraten, als es den ersten Homo sapiens . . . noch gar nicht gab!

Dort soll auch beschlossen worden sein, welche Götter auf der Erde bleiben durften und welche in die Heimat, zurück zu den Sternen, geschickt wurden. Eines Tages entschied man sich, daß Tecuitecatl und Nanautzin heimkehren sollten. Der Bericht über die Heimkehr der beiden Götter ist stark mythologisch entstellt worden im Laufe der Jahrtausende der Überlieferung.

Auf dem Pyramidenstein, so lautet der Mythos, der die Erinnerung an eine phantastische Realität wiederzugeben scheint, wurde in grauer Vorzeit der Götterstein errichtet.

Dieser Stein wird in manchen Sagen auch als Götterofen bezeichnet. Von ihm aus kehrten die Götter in die Heimat zurück, zurück zu den Sternen, wobei sie, Feuer und Rauch von sich gebend, in den Himmel brausten.

Spätere Generationen verstanden diese Sage schon nicht mehr. Die Priester fragten sich, wie die Fremden so schnell verschwinden konnten.

Generationen später versuchten die Erzähler, eine plausible Erklärung zu finden. So entstanden neue Sagen, in denen es heißt, die Götter seien verbrannt.

Doch nicht selten entstanden auf diese Weise Widersprüche zwischen den älteren und den jüngeren Versionen der gleichen Sage, die über die gleichen Ereignisse berichten.

Hierfür ein Beispiel: In Mexico City wird zur Zeit der Codex Mendoza aufbewahrt. In diesem alten Schriftstück befindet sich eine alte und interessante Zeichnung mit dem Titel: »Der geschundene Gott Quetzalcoatl«[58]. Die Abbildung soll eine bedeutend ältere Sage illustrieren: »Die Himmelfahrt des Quetzalcoatl.« Dieser sagenhafte Gott soll dereinst für einige Jahre auf der Erde geweilt haben, wo er den Menschen allerlei nützliche Dinge beibrachte. Bevor er in seiner Zauberbarke davonfuhr, versprach er, dereinst wiederzukommen. Quetzalcoatl war übrigens bärtig und hellhäutig. In einer anderen Sage heißt es, der Gott sei zu einem Stern geworden.

Die Götter Südamerikas, die der Inder, die der Eskimos . . . ja gibt es eigentlich Götter, die nicht versprachen, wiederzukommen?

So verspricht der Gott der christlichen Bibel im 1. Buch Thessalonicher Kapitel 4 Vers 16: »Denn der Herr wird vom Himmel herabsteigen mit dem Schrei, mit der Stimme des Erzengels und der Trompete Gottes!«

Wozu muß der Herr »vom Himmel herabsteigen«, wenn er doch allgegenwärtig ist? Der Gott des Alten Testaments kann sich nur unter großer Lärm- und Rauchentwicklung fortbewegen. Auch Jesus fährt unter denselben Begleiterscheinungen gen Himmel.

Damit soll keineswegs gesagt werden, daß Jesus Astronaut war! Hier wurde ein »heidnisches« Bild aus uralter Mythologie übernommen! Nicht anders verhält es sich bei zahlreichen bildlichen Darstellungen der leibhaftigen Himmelfahrt Jesu in zahlreichen Kirchen Konstantinopels!

Jesus oder Gott, beide werden immer in Verbindung mit seltsamen Kugeln gebracht. Jesus in einer Kugel über steiniger Landschaft, getragen von Engeln. Ich habe mir die Mühe gemacht und von einigen dieser Kugeln Umrißskizzen angefertigt und habe dabei die Engel als »antreibende Kräfte« mit einbezogen. Das Ergebnis war verblüffend! Mit den Augen unserer Zeit betrachtet, sind diese Kugeln nichts anderes als Raumschiffe! Vielleicht haben die christlichen Künstler ihre Mosaike nach heidnischen Berichten angefertigt, vielleicht kannten sie auch Illustrationen zu Mythen ihrer Vorfahren?!?

Und nun etwas ähnlich Phantastisches:

Kinder, denen ich Zeichnungen von Bildern aus Konstantinopels Kirchen zeigte – in denen Gott in Kugeln umherschwebte oder auf ihnen saß –, waren sich einig.

»UFOs«, sagten sie, »das sind UFOs!«

In einigen Jahren werden wohl viele von ihnen anders denken: UFOs, Raumschiffe vor Jahrtausenden?

Unmöglich.

1 Der »Dreizack« in der Bucht von Pisco, Peru.

2 Die rätselhaften »Rillen« von Samaipata, Bolivien.

3 Der Gesamtkomplex von Samaipata.

4 und 5 Fliegende Götter sind eines der Hauptmotive peruanischer Inkateppiche.

6 Das »Sonnentor« von Tiahuanaco (links oben).

7 Zentralmotiv des Sonnentors: ein fliegender Gott (links unten).

8 Rückansicht des Sonnentors (rechts oben).

9 Ein »Gott« fährt vom Himmel herab. Stele aus Guatemala (rechts unten).

10 Behelmte Götter aus dem Val Camonica, Italien.

11 Weitere Götter aus dem Val Camonica – mit Stern und »Rakete«.

12 *Felsritzung aus Tamgali, Kazakistan, Rußland.*

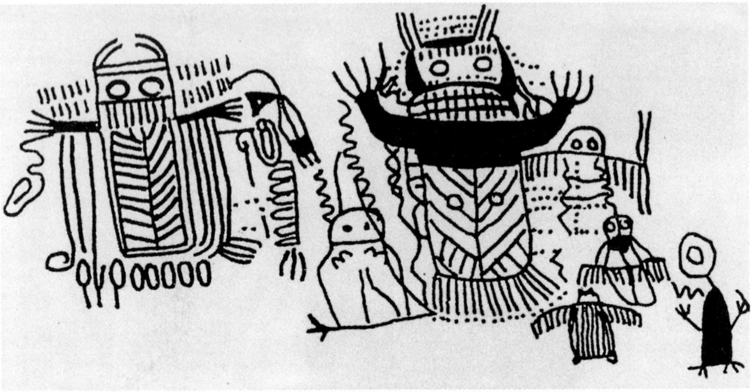

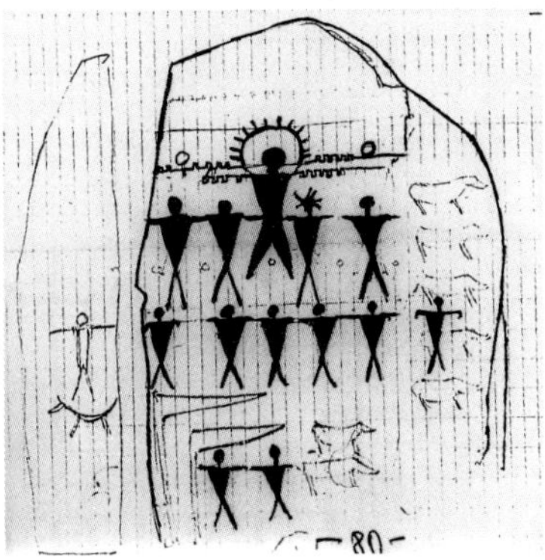

13 Technisch wirkende Götter – Felszeichnung beim Dinwoody Lake, Wyoming, USA (oben).

14 Menschen begrüßen einen »Astronautengott« – Val Camonica, Italien (links).

15 »Astronautengott« – Felsritzung bei Fulfourd Harbour, Salt Spring Island, Kanada (rechts).

16 Astronautengott Naramsue'en, Mesopotamien.

17 Altägyptisches Flugzeugmodell.

18 Der »Goldhut« von Etzelsdorf. Rakete oder »Kultobjekt«? (links)

19 »Landebahnen« in der Wüste von Nazca (rechts oben).

20 Das »Weiße Pferd von Uffington«, England. Nur aus der Luft zu erkennen.

21 Sonnenpyramide von Teotihuacan, Mexiko. Landeplatz der Astronautengötter? (links oben)

22 Pyramide aus Macon, Georgia, USA (links unten).

23, 24, 25 (nächste Seite) Nach wie vor rätselhaft: Die Steinkolosse der Osterinsel.

26 Unterirdische Tempelanlage von Malta (links unten): Das »Hypogäum« . . . Vielleicht älter als die ägyptischen Pyramiden.

27 Tempelanlage von Hagar Quim, Malta. Zigtonnen Stein wurden mit spielerischer Leichtigkeit verarbeitet (oben).

28 Autor Langbein und Erich von Däniken vor einem der Tempel Maltas.

29 und 30 Zu den ungelösten Rätseln des vorgeschichtlichen Malta gehören diese an Geleise erinnernden »Rillen«.

31 Autor Langbein beim Vermessen einer der Rillen von Malta.

TEIL III
TATSACHEN, THESEN, THEORIEN, FAKTEN, INDIZIEN UND SPEKULATIONEN

Kapitel 17
Gestern, heute, morgen

Wie ich nachzuweisen versuchte, hatten wir wahrscheinlich ein phantastisches Gestern, das in seiner Technik mit dem Heute und dem Morgen verglichen werden mag.

Wir nehmen an, daß »gestern« Astronauten unsere Erde besuchten und Raumschiffe und Erkundungsflugzeuge den Himmel durchzogen. Doch wo sind die Astronauten der Vorzeit heute? Sind sie in ihre Welt zurückgekehrt, die technisch der unseren wohl noch immer haushoch überlegen ist?

1. UFOs gestern

Im ersten Buch seiner »Naturales Questiones« schreibt Seneca, der antike Historiker: »Man ist sich nicht darüber einig, ob die donnernden Balken und die donnernden Meteoriten, die sehr selten erscheinen, zu der gleichen Gattung gezählt werden sollen.« Nicht minder rätselhaft sei aber auch »das Licht, das so stark ist und das oft so niedrig und dem Horizonte so nahe steht, daß es mit einem weiten entfernten Band verwechselt werden könnte«. Bei den Leuchterscheinungen am Himmel könnte es sich sehr wohl um Polarlichter gehandelt haben. Aber balkenförmige, donnernde Polarlichter gibt es nicht. In seinem Buch »Sie kamen von einem anderen Stern – Frühkulturen aus dem Weltraum« führt Peter Kolosimo ein Sammelsurium an seltsamen Erscheinungen auf, die in der Antike von römischen Geschichtsschreibern beobachtet wurden. Aus der Fülle des angebotenen Materials möchte ich einige Beispiele wiedergeben.

Plinius berichtet von »leuchtenden Balken«, die am Himmel dahinzogen. Der gleiche Historiker beschreibt, »daß drei Monde am Tage gleichzeitig« erschienen sein sollen. Plinius' Zeitangaben sind recht genau! Die drei Monde sollen zur Zeit der Konsule C. Dominitius und C. Fannius gesichtet worden sein. Obsequens schreibt, daß im Jahre 222 vor Christus drei Monde erschienen. Beobachtet wurden diese Objekte zunächst über Rimini, dann soll man sie nahezu über der gesamten Halbinsel Italiens gesehen haben. Obsequens berichtet weiter von sehr hellen Sonnen, die 175 vor Christus nachts plötzlich am Himmel auftauchten und wieder verschwanden. Nicht selten sind dabei Geräusche vernommen worden.

Oft erwähnt Obsequens »Feuerbälle«, die am Himmel flogen und manchmal auf der Erde dahinrollten.

Handelte es sich bei den Himmelserscheinungen um UFOs? Sind die Götter der Vorzeit zur Zeit des Imperiums Romanum zurückgekehrt?

2. UFOs heute

Ähnliche Berichte wie bei den antiken Schriftstellern kann man ja seit ungefähr 50 Jahren in allen Zeitungen der Weltpresse lesen.

In seinem Buch »UFO-UFO/von fliegenden Untertassen« gibt Peter G. Westphal (bekannt durch seine Berichterstattung über die bemannte Raumfahrt in Funk und Fernsehen) folgendes Telegramm wieder: »colorado springs (usa), 18. oktober (ap) zwanzig jahre sorgfaeltiger pruefungen und ermittlungen durch die luftwaffe der vereinigten staaten haben bisher keinerlei beweise fuer die existenz fliegender untertassen oder aehnlicher unbekannter flugobjekte (ufos) erbracht. wie oberstleutnant lawrence j. tacker von der luftwaffenakademie jetzt anlaesslich einer zeitungsverlegertagung in colorado springs mitteilte, wurden von den zustaendigen airforce dienststellen insgesamt 11 000 berichte und meldungen ueber die sichtung von ufos ueberprueft, wir haben aber bis heute keine einzige photographie und auch keinen film von einem ufo.«

Seltsam!

1969 erschien in den USA der sogenannte Condonbericht als Taschenbuch.

37 Wissenschaftler füllten 989 Seiten mit Berichten und zahlreichen Photos von UFOs, die es ja, wie der wohlinformierte Offizier verkündet, gar nicht gibt!!

Kritisch setzten sich besagte Wissenschaftler mit 45000 Meldungen über 15000 Sichtungen auseinander. Davon blieben 2,5 Prozent ungeklärt! Das heißt, es ließen sich für 1000 Meldungen auch nicht die fadenscheinigsten Erklärungen von Wissenschaftlern finden!

Nachdenklich müßten jedermann die Aussagen von Wissenschaftlern wie Professor Dr. Hermann Oberth, dem Vater der Weltraumfahrt, machen. Offen »gibt er zu« (!), daß er UFOs für Raumschiffe hält, die von den Sternen kamen . . .

In seinem Buch »Die Rätsel der UFOs« veröffentlichte Bill Adler – er hatte übrigens freien Zutritt zu den Akten der amerikanischen Luftwaffe – zahlreiche Augenzeugenberichte. Darunter befinden sich auch die Aussagen von Wissenschaftlern, von Flugzeugpiloten, Physikern . . . Ein Beispiel aus vielen:

Am 26. März schrieb ein Architekt einen langen Brief an

das Projekt Blaubuch, dem einzigen Institut der Welt, das sich ausschließlich mit UFOs beschäftigt.

Besagter Architekt lobte zunächst die Behörden, daß sie die zahlreichen Schwindelberichte entlarvt hätten, tadelt aber anschließend die amtlichen Stellen:

»Aber ich glaube, daß es inzwischen an der Zeit ist, die Entlarver selbst zu entlarven ... Wen glauben sie denn an der Nase herumführen zu können und zu welchem Zweck? Aber in diesem Falle arbeiten sie ihrem eigenen Zweck entgegen! Die Wahrheit kann nicht bis in die Unendlichkeit verborgen bleiben. Immer mehr Menschen, gebildete und ungebildete, ›sehen etwas‹ oder Dinge, die so konkret sind, daß sie eher an dem Vorhandensein ihrer rechten Hand zweifeln würden als an der Realität der Objekte.« Auf solche Anklagen reagierten die Behörden schon damals sehr empfindlich. Sie bestritten kategorisch jede Vertuschungstaktik. Erst im Dezember 1994 gab Lord Peter John Hill-Norton, von 1971–1973 britischer Militäroberbefehlshaber und früherer Flottenadmiral, zu: »In den USA, in den Staaten der NATO und in Rußland wurden UFOs jahrzehntelang als strikte Geheimsachen von Militärs und Behörden behandelt.« (Siehe auch Anhang 1.)

Doch zurück zur Sichtung des Architekten. Zunächst zählt er seine Zeugen auf:

»Zwei Ingenieure waren mit im Boot, als wir unsere beiden UFOs in Formation fliegen sahen; einer der Herren ist der Elektronikexperte, dessen Aufzeichnungen des ersten Sputnik von unserer Regierung als die offizielle Version übernommen wurden. Seine Reaktion: ›Mein Gott, was sehen wir da?‹«

Die beiden UFOs werden wie folgt beschrieben:

»Sie hoben sich klar weiß, aber nicht blendend, gegen den babyblauen Nachmittagshimmel ab, während die Sonne sich hinter einer Wolkenbank befand.«

Noch am Tage der Sichtung fertigte der Architekt eine Skizze an und schrieb einen ausführlichen Bericht.

Eine »natürliche« Erklärung für seine Beobachtung gibt es anscheinend nicht.

Abrunden möchte ich meine Betrachtungen zum Thema UFOs mit einem Bericht aus der Feder des allseits anerkannten Wissenschaftlers Allen Hynek, der in der »Saturday Evening Post« herausgegeben wurde und von Reader's Digest (März 1967, Seiten 67ff.) in Auszügen wiedergegeben wurde:

»Fliegende Untertassen?

Gibt es sie?

Jahrelang hat die Airforce UFOs als Scherze oder Halluzinationen abgetan.

Nun erklärt der Fachmann der Airforce auf dem Gebiet der UFOs, daß zahlreiche Sichtungen nur sehr schwer oder überhaupt nicht erklärt werden können!«

»Es war am 25. August 1966«, berichtet Hynek, »als ein Offizier der Airforce in Northdakota starke Störungen statischer Art feststellte, die den gesamten Funkverkehr in der näheren Umgebung lahmlegten. Zur gleichen Zeit berichteten andere Airforceleute, daß ein UFO gesichtet worden sei. Es leuchtete rot und schien ständig an Höhe zu gewinnen. Einige Kilometer entfernt registrierten die Männer vom Radar ein Unbekanntes Fliegendes Objekt. Höhe: 300 Meter über der Erdoberfläche. Sobald das UFO wieder etwas gestiegen war, setzte die Störung sofort aus. Doch schließlich, so stellten Beobachter fest, verlor das

Objekt an Höhe und schien offenbar landen zu wollen. Eine gut bewaffnete Truppe wurde losgeschickt. Die Männer kamen allerdings nur bis auf zehn Meilen an das Objekt heran. Im gleichen Bereich wurde ein weiteres UFO gesichtet und längere Zeit beobachtet. Nach der Sichtung des zweiten UFOs erschien wieder das erste. Beide entfernten sich, wobei sie in Formation flogen, nach Norden. Beide UFOs wurden vom Radar erfaßt! Wenige Tage später wurde im gleichen Bereich wieder ein UFO beobachtet. Ein Farmer sah ein untertassenförmiges Gebilde, Durchmesser 10 Meter, über dem Boden dahinschweben. Mit einem spitzen Winkel gegen einen Abhang geneigt, bewegte es sich auf eine Wiese zu. Dabei rotierte es hin und her. Als das Objekt die Wiese erreicht hatte, hob es ab und verschwand mit enormer Geschwindigkeit in den Wolken.«

Dr. Allen Hynek (†) war der Ansicht, daß jeder gute Astronom die meisten UFO-Sichtungen erklären kann – aber nicht alle! Von 25 Beobachtungen bleibt eine unerklärbar! Das sind 4 Prozent! Die Fälle, die nicht geklärt wurden und werden, sind die interessantesten! Diese UFOs wurden meist von intelligenten Menschen, von Wissenschaftlern, Astronomen, Physikern, Meteorologen, Universitätsprofessoren, dem Personal von Flugplätzen, gemacht!

Dr. Hynek hielt, als er 1948 zum ersten Mal von einer UFO-Sichtung hörte, alles für Schwindel. Damals war er Leiter des »Astronomy Observatory« der staatlichen Universität von Ohio. Und damals erklärte er sich bereit, UFO-Berichte zu überprüfen.

»1953 ereignete sich einer der seltsamsten Fälle, in der Nacht vom 5. August. Eine Reihe von Bürgern des Städtchens Black Hawk behauptete, einige seltsame Objekte am Himmel gesehen zu haben. Zunächst nahm man die

Leute nicht weiter ernst. Aber dann registrierte der Radarschirm eine Reihe Unbekannter Fliegender Objekte! Ein F84-Kampfflugzeug wurde losgeschickt, damit der Pilot möglichst aus der Nähe von dem Gebilde ein Photo machen sollte. Der erfahrene Flieger entdeckte bald eines der fliegenden Dinger. Den Leuten vom Flugplatz gab er durch: »Es leuchtet heller als jeder Stern!« Als er dann dem seltsamen Gebilde folgte, erhöhte er seine Geschwindigkeit. Bald schon flog das UFO doppelt so schnell wie die Düsenmaschine. Ebenso schnell, wie es aufgetaucht war, verschwand es auch wieder.«

Zum Abschluß meiner kleinen UFOlogie zwei Hynekzitate:

»In siebzig Ländern der Erde hat man UFOs gesichtet!«

»Theoretisch kann es 10^{19} (10 000 000 000 000 000 000) Zivilisationen im All geben. Dann sind nicht wenige älter als die Erde!

Warum sollte es den Astronauten dieser Kulturen nicht gelungen sie, unsere Erde zu besuchen?«

Ja, warum eigentlich nicht?

Kapitel 18
Im Gespräch mit Wissenschaftlern

Unsere Vergangenheit scheint phantastisch zu sein, so phantastisch, daß sich jetzt die meisten Wissenschaftler ein neues Bild von der Geschichte machen müßten.

Einige wenige haben ihre alten, zum Teil überholten Standpunkte verlassen und sind bereit, eine phantastische Vergangenheit zu akzeptieren.

Oft sprach ich mit dem berühmten Raketenforscher und »Vater der Weltraumfahrt«, Professor Dr. Hermann Oberth, in seiner Wohnung in Feucht bei Nürnberg. Hier nun ein kurzer Auszug aus einem dieser Gespräche:

Frage: »Sehr geehrter Herr Professor! Glauben Sie, daß es auf anderen Planeten Leben, intelligentes Leben, gibt?«

Oberth: »Das ist sehr wahrscheinlich!«

Frage: »Sind die anderen Kulturen der unseren vielleicht haushoch überlegen?«

Oberth: »Vielleicht ...«

Frage: »... in technischer Hinsicht ...?«

Oberth: »Das ist durchaus möglich!«

Frage: »Herr Professor, Sie haben bereits vor Jahrzehnten den Grundstein zur Raketentechnik gelegt. Sie haben damals schon die Entwicklung der Raumfahrt präzise und richtig vorhergesehen. Wird es Ihrer Meinung nach Raumschiffe geben, die mit Lichtgeschwindigkeit durch das All rasen werden?«

Oberth: »Bis die Technik soweit kommt ... wenn sie soweit kommt . . ., wird man vermutlich bessere Mittel kennen . . .«

Frage: »Besteht die Möglichkeit, daß uns außerirdische Wesen besuchten oder noch besuchen?«

Oberth: »Diese Möglichkeit besteht durchaus!«

Frage: »Sie kennen doch die Theorie, daß in prähistorischer Zeit die Erde von Astronauten besucht wurde. Und Sie kennen die ablehnende Haltung der meisten Wissenschaftler gegen diese Theorie. Warum sind Ihrer Meinung nach viele Wissenschaftler gegen diese Theorie?«

Oberth: »Weil die Durchschnittsgelehrten überhaupt gegen alles Neue sind. Sie befinden sich der Wissenschaft gegenüber in der Lage einer Gans gegenüber dem Futter. Nur um Gottes Willen nicht noch mehr!«

Frage: »Glauben Sie, daß diese Theorien überhaupt wissenschaftlich vertretbar sind?«

Oberth: »Ja, sie sind ernst gemeint und grundsätzlich vertretbar.«

Aus der Raketenbranche wie Prof. Dr. Oberth kommt auch der in Österreich geborene Josef Blumrich. 1959 in die USA ausgewandert, machte er rasch Karriere bei der NASA. Er wurde Chef der Abteilung Projektkonstruktion und wurde für seine Leistungen mit der »Medal for Exceptional Service« ausgezeichnet. 1973 erschien sein Bestseller »Da tat sich der Himmel auf«, inzwischen liegt das bahnbrechende Werk als Taschenbuch vor (Ullstein Buch 35447). Blumrich beweist in seinem Standardwerk, daß Hesekiel vor rund 2500 Jahren Raumschiffe sah, auch mit an Bord genommen wurde. Hesekiels Beschreibungen des außerirdischen Raumschiffs sind dabei so präzise, daß der NASA-Ingenieur nicht nur das biblische

Raumschiff auf dem Zeichentisch exakt rekonstruieren konnte. Er meldete das in der Bibel beschriebene Rad des außerirdischen Vehikels mit Erfolg beim Patentamt an!

Anläßlich der 2. Weltraumkonferenz der »Ancient Astronaut Society« weilte Josef Blumrich in Zürich. Im Anschluß an seinen vielbeachteten Vortrag gewährte er mir ein Interview, das ich nachfolgend in Auszügen wiedergebe.

Frage: »Herr Blumrich, wie kamen Sie eigentlich dazu, in dem Bibeltext Hesekiels die Beschreibung eines Raumschiffes zu sehen?«

Blumrich: »Aus meinen Kenntnissen im Flugzeugbau und dem Bau von Großraketen. Als ich Dänikens »Erinnerungen an die Zukunft« las, da hielt ich solche Theorien noch für vollkommen unrichtig und phantastisch. Von Däniken schreibt jedoch in seinem Buch ausführlich über die Erlebnisse des Propheten Hesekiel, und ich wollte seine Behauptung, der Prophet habe Raumschiffe gesehen, mit meinem technischen Wissen widerlegen. Das Ergebnis kennen Sie: Ich habe mich selbst von der Richtigkeit der Astronautentheorie überzeugt und auch noch ein Buch geschrieben.«

Frage: »Was halten Sie allgemein von der Theorie, daß einmal in der Vergangenheit – oder vielleicht auch mehrmals – Astronauten auf der Erde landeten und Kontakt mit Menschen aufnahmen?«

Blumrich: »Wenn man einmal weiß, worüber der Prophet berichtet, dann ist man zutiefst beeindruckt von der Genauigkeit der Darstellung des Hesekiel wie auch von der Tatsache, daß er sich nirgends und in keinem Falle widerspricht. Die Schlußfolgerung, daß er tatsächlich Raumschiffe und deren Besatzung gesehen hat, ist zwingend und deshalb unabweisbar und deshalb auch keine Ersatzerklärung, wie ja manchmal behauptet wird.«

Frage: »Herr Blumrich, Sie haben als Wissenschaftler viel erreicht. Sie sind eine anerkannte Kapazität auf dem Gebiet der Weltraumfahrt geworden. Überall, wo es Raketen gibt, sind Sie durch Ihre großen Leistungen bekannt. Sind Sie so von der Theorie, daß die Erde einstmals Astronautenbesuch von den Sternen erhielt, überzeugt, daß Sie Ihren doch sehr guten Ruf als Wissenschaftler aufs Spiel setzen?«

Blumrich: »Die Antwort, Herr Langbein, ist einfach, sehr einfach: JA! Wenn man die Wahrheit gefunden hat und sie vertritt, braucht man nicht wirklich Angst zu haben.«

Frage: »Herr Blumrich, gibt es eine plausible Erklärung dafür, daß die Astronauten, die vor zwei Jahrtausenden auf der Erde landeten, heute nicht mehr erscheinen?«

Blumrich: »Wir haben im Augenblick weder einen Beweis für die Fortsetzung der Besuche noch für deren Beendigung. Sie mögen in diesem Zusammenhang an die vielgenannten ›Fliegenden Untertassen‹ denken . . . einen wirklichen, das heißt technischen Beweis haben wir bis heute nicht!«

Frage: »Glauben Sie, daß auch andere Zeugnisse auf unserer Erde als Hinweis auf den Besuch von Astronauten gedeutet werden können?«

Blumrich: »Unbedingt! Sowohl die Bibel als auch andere

alte Schriften enthalten Hinweise auf den Besuch von Astronauten, die zu untersuchen sind. Auch die Archäologie hat wertvolles Material gefunden, das der Auswertung bedarf.«

Frage: »Werden Sie, Herr Blumrich, ein weiteres Buch über die Theorie prähistorischer Astronauten schreiben, und wenn ja, über welches Thema?«

Blumrich: »Ich habe im Augenblick mehrere Pläne, die sich auf alte Schriften und Legenden beziehen. Da wir aber mit dieser Art, konkret nachzuweisen, das heißt, möglichst eingehende technische Untersuchungen anzustellen, noch ganz am Anfang stehen, gibt es eine große Auswahl an Möglichkeiten. Jedoch welches der vorgenommenen Themen für das nächste Buch ausgewählt werden wird, kann ich im Augenblick noch nicht sagen. Sicher ist nur eines: Es wird wieder eine ungemein fesselnde Arbeit sein!«

»Vielen Dank für dieses Gespräch, Herr Blumrich!«

Inzwischen ist Josef Blumrichs zweites Buch erschienen: »Kasskara und die sieben Welten. Weißer Bär erzählt den Erdmythos der Hopi-Indianer« (Econverlag 1979). Josef Blumrich legte den tief beeindruckenden Bericht eines uralten Volkes vor. Die frühen Kulturen Südamerikas, die Göttermenschen, Atlantis und sein Gegenpol Kasskara, die Übereinstimmung heute weit getrennt lebender Völker, die Erdkatastrophe und die Entstehung neuer Kontinente, das sind einige der Themen, mit denen Josef Blumrich seine Leser zu fesseln versteht!

Tatsächlich gibt es auf unserer Erde Indizien, die dafür sprechen, daß wir Astronautenbesuche erhielten. Fast täglich entdecken Wissenschaftler Kuriositäten, die als solche Indizien gewertet werden könnten. Doch viele Wissenschaftler sehen »ihren« Fund isoliert und nicht im weltweiten Zusammenhang.

Denn: Ein einzelner Fund mag gar nichts aussagen, wenn man ihn aber mit anderen Funden auf der übrigen Welt vergleicht, dann mag dieser Fund sehr viel aussagen!!!

Ein einzelner Fund mag unscheinbar und wenig aussagekräftig sein. Wenn man ihn aber in Zusammenhang mit anderen Funden setzt, dann mag er plötzlich als ein wichtiges Stückchen eines imposanten Mosaiks erkannt werden. Einen solchen »Mosaikstein« hat wohl John R. Tkach, »Executive Manager« des »Educational Trust« in Denver, Colorado, USA, entdeckt. Bei Untersuchungen in den Stätten von Machu Picchu und Ollantay Tambo fand er einen sechs mal sechs Fuß halbrunden parabolischen Reflektor! Erst die Geometrie des Descartes macht es uns heutzutage möglich, einen solchen Reflektor zu bauen. Vor dem 17. Jahrhundert aber hätte man etwas Derartiges in Europa nicht fertiggebracht. Der Reflektor ist aber bedeutend älter! Die Inkas konnten mit dem Ding nichts anfangen, aber es mag einer Gruppe von Astronauten, die als Götter der Inkas in die Mythologie der südamerikanischen Indianer eingingen, von Nutzen gewesen sein!

Frage: »Mister Tkach, wie ich las, haben Sie einen Reflektor gefunden, einen in Stein gehauenen Reflektor, als Sie Huayna Picchu untersuchten. Angeblich soll der Reflektor dem Gesetz $y^2 = 12x$ ›gehorchen‹. Können Sie sich vorstellen, daß so etwas bei dem Wissen der Inkas möglich gewesen ist?«

Tkach: »Zunächst einmal vielen Dank für Ihren Brief! Erst

kürzlich kehrte ich von Machu Picchu zurück, und dort habe ich nochmals besagten Reflektor untersucht. Die Ergebnisse meiner Untersuchungen sind sehr interessant und werden in meinem Buch veröffentlicht werden.«

Der Fund des Mister Tkach ist meines Wissens einzigartig in seiner Art auf der ganzen Welt.

Anders verhält es sich bei den zahlreichen Darstellungen von Göttern, davon gibt es Tausende, und sie ähneln einander auf eine oft verblüffende Weise. Zu diesem Kuriosum befragte ich den Archäologen und Schriftsteller G. H. S. Bushnell, der am Corpus Christi College, Cambridge, lehrte. Geoffrey Bushnells Buch »Peru« kann als Standardwerk bezeichnet werden.

Frage: »Mister Bushnell, überall auf der Welt gibt es Malereien, Zeichnungen, Gravuren von den sogenannten Göttern. Im Tassiligebirge, Sahara, entdeckte der Forscher Henri Lhote Malereien von merkwürdigen Wesen, die Helme mit Antennen zu tragen scheinen. Im Val Camonica wiederum ritzte man vor Jahrtausenden Götterzeichnungen in den Stein, die denen der Sahara sehr ähnlich sehen. So scheinen auch sie Helme zu tragen! Das gleiche kann man von den Götterbildnissen Australiens sagen. Auch die Scharrzeichnungen von Fergana, Rußland, und Nazca, Peru, ähneln einander sehr. Gleichzeitig gibt es weltweit uralte, heilige Überlieferungen, von Göttern, die von den Sternen kamen. Aus heutiger Sicht erinnern uns diese himmlischen Wesen an Astronauten. Nun gibt es auf der Wüstenebene von Nazca merkwürdige Straßen, die Landebahnen ähneln. Wäre es nicht möglich, daß es sich um einen Flugplatz prähistorischer Astronauten handelt? Spricht nicht manches dafür, daß die Götter Astronauten waren? Ihre Darstellungen in Höhlen, an Felswänden, auf großen Felsbrocken und in Gräbern auf Sarkophagen ähneln nämlich wirklich unseren Astronauten!«

Mister Bushnell antwortete mir in einem längeren Brief u. a.:

»Ich bin soeben aus Südamerika zurückgekehrt, da finde ich Ihren Brief. Man hat Ihnen geraten, sich an mich zu wenden? Warum? Ich kann mir auch nicht vorstellen, wie ich Ihnen mit Felsmalereien aushelfen sollte . . . ich kann die Dinger nämlich nicht ausstehen (›I hate the things!‹). Die meisten von ihnen kann man altersmäßig nicht festlegen, und sie geben Anlaß zu allen möglichen Spekulationen. Nun haben Sie Beispiele von Malereien aus den verschiedensten Gebieten zitiert, aber es gibt keinen Grund, zu glauben, daß sie etwas miteinander zu tun haben oder mit Leuten aus dem Weltraum!« . . .

»1938 habe ich zum erstenmal die Markierungen von Nazca, Peru, gesehen.

Wir wissen zumindest, daß einige von ihnen 700 nach Christus entstanden sind, mit der Radiocarbonmethode hat man das festgestellt. Vielleicht sind sie auch sehr alt, einige mögen um die Zeitwende entstanden sein, aber älter sind sie wohl nicht. Einige Leute haben den Vorschlag gemacht, in den Markierungen Hilfsmittel zu astronomischen Beobachtungen zu sehen, aber Hawkins, der viel über Stonehenge veröffentlicht hat, hat das nachgeprüft und herausgefunden, daß kein Anlaß besteht, dies anzunehmen. Einige der Linien überqueren Täler, und andere gehen von einem Punkt aus und verlaufen in alle Richtungen, sind also nicht geeignet für Landebahnen. Ich würde alle Ihre Fragen mit ›NEIN‹ beantworten . . .«

Ich achte Herrn Bushnell sehr und weiß, daß er ein sehr ernsthafter und seriöser Wissenschaftler ist. Obgleich Herr Bushnell eine Kapazität auf dem Gebiet der Archäologie ist, enthalten seine Antworten einige Punkte, die man anzweifeln kann. Die Linien von Nazca wurden mehrmals datiert, die Altersbestimmungen wurden aber mit Hilfe der Radiocarbonmethode durchgeführt; es ist bekannt, daß diese Methode mit enormen Fehlern behaftet ist. So erscheint Stonehenge um 1000 Jahre jünger, als es wirklich ist, wenn man das Alter des Monuments mit Hilfe der 14-C-Methode bestimmt.

Auch kann man anzweifeln, daß die wenigen Holzfunde, die man im Nazcaboden gemacht hat, und nach ihnen datiert man die Bearbeitung der gesamten (!!) Ebene, tatsächlich aus der Zeit stammen, in der die Nazcastraßen gebaut wurden.

Die berühmten Markierungen können also sehr wohl älter sein! Und die Annahme, daß sie um 520 vor Christus entstanden, wird sogar von verschiedenen Archäologen zumindest als möglich bezeichnet.

Und zu dieser Zeit – und das hat der NASA-Ingenieur Josef Blumrich beweisen können – hatte Hesekiel seine Erlebnisse mit Raumschiffen!

Es stimmt zwar, daß, wie Bushnell einwendet, zahlreiche Linien nicht als Landebahnen geeignet sind, aber das hat auch niemand behauptet! Meiner Ansicht nach waren die drei breiten, es sind die auffallendsten, Straßen . . . Landebahnen!

Und die sind absolut flach und werden nicht von Tälern unterbrochen.

Soviel zu dem englischen Archäologen Bushnell.

Indirekt gegen die Theorie von den prähistorischen Astronautenbesuchen hat sich auch Thor Heyerdahl gewandt. Der »Populärwissenschaftler« meint ja, die Osterinselriesen seien mit Hilfe von Steinfäustlingen aus dem doch recht harten Vulkangestein geschlagen worden. Er hat ja dann auch versucht, das mit zahlreichen Osterinsulanern nachzuvollziehen, hat aber in mehrwöchiger Arbeit keine Statue herstellen können!

Dr. Gene M. Phillips, Gründer und Präsident der »Ancient Astronaut Society«, machte mich auf den gescheiterten Versuch Heyerdahls aufmerksam. Hatte der sympathische Norweger, der unlängst 80 wurde, zunächst behauptet, wenige Arbeiter könnten innerhalb kürzester Zeit einen Steinriesen aus dem Fels schlagen, so mußten seine Gehilfen nach wenigen Tagen unverrichteter Dinge aufgeben. Nur die vagen Konturen einer Figur waren entstanden, wenige Millimeter tief. Als ich 1992 die Osterinsel besuchte, lachten die Einheimischen schallend über Heyerdahls klägliches Scheitern.

Doch nun zu Heyerdahl und seiner Osterinseltheorie, auf die ich kurz eingehen möchte, um dann ein Interview mit dem wohl bekanntesten Osterinselforscher Europas wiederzugeben.

Thor Heyerdahl stellte zu Recht Parallelen zwischen der Kunst Südamerikas und der Kunst der Osterinsel fest – erstaunliche Parallelen. Da gibt es in Peru bis an die 10 Meter hohe Statuen, die den Osterinselriesen aufs verblüffendste ähneln.

Und das ist noch nicht alles: Da gibt es Grabmäler, Grabhügel, Ahus genannt, die auf der Osterinsel errichtet wurden und die in ihrer Bauweise eigentlich identisch sind mit denen der Inkas in Peru! Warum bauten die Osterinsulaner ihre Ahus wie die Inkas ihre Steinmonumente?

Warum haben Inkas und Osterinsulaner Statuen von sehr ähnlichem Aussehen geschaffen?

Thor Heyerdahls Lösung hört sich verblüffend an: Die Osterinsulaner sind von Peru aus mit Balsaflößen zur Osterinsel gefahren. Und Thor Heyerdahl hat eine solche Fahrt durchgeführt.

Doch die Möglichkeit, die Durchführbarkeit eines solchen Unternehmens ist noch lange kein Beweis dafür, daß es früher wirklich einmal so war!

Angeblich gibt es eine Unmenge Mythen, die, wenn man Heyerdahl glauben will, alle aussagen: Hotu Matua, der erste Osterinsulaner, kam aus Südamerika. Nun habe ich Hunderte von Mythen der Osterinsulaner gelesen. Keine einzige (!!) Geschichte habe ich gefunden, die Thor Heyerdahls Theorie belegt.

Nun wandte ich mich an den berühmten Osterinselforscher Fritz Felbermayer. Fritz Felbermayer, dies nur kurz zur Erklärung, ist einer der wenigen Europäer, wenn nicht gar der einzige lebende, der die Sprache der Osterinsulaner spricht: fließend spricht. Fritz Felbermayer besuchte die Osterinsel über 12mal und hat sich das Vertrauen der Bevölkerung der einsamen Insel erworben. Als Schatzmeister des Vereins »Die Freunde der Osterinsel« machte er sich sehr verdient. Für seine Osterinselforschungen – 20 Jahre arbeitete er an seinen Theorien – wurde er mit dem Orden »De Merito de Jose Miguel Carrera« ausgezeichnet. Als einziger Ausländer (!!) ist Dr. Felbermayer Mitglied im Rat Chilenischer Geschichte. Doch nun zu meinen Fragen an Dr. Fritz Felbermayer und seinen teils verblüffenden Antworten!

Frage: »Herr Doktor Felbermayer, inwieweit beruhen die Mythen der Besiedelung der Osterinsel auf tatsächlichen Begebenheiten?«

Felbermayer: »Es ist meine felsenfeste Überzeugung, daß die Überlieferung über die Besiedelung der Osterinsel eine absolut wahre Begebenheit ist. Von den alten Insulanern wird diese Tatsache so klar und ohne jede Zögerung wiedererzählt und immer in derselben Weise, es werden die Namen genannt, die einfach nicht erfunden wurden. So konnte ich diese Begebenheit ohne jeden Zusatz aufschreiben! Im Vorwort meines Buches habe ich auf eine Sache hingewiesen, die Sie lesen müssen:
›Wenn derjenige, der gerade erzählte, sich irrte oder auch nur einige wenige Worte änderte, die an sich ohne Bedeutung waren und den Inhalt der Erzählung nicht beeinflußt hätten, so protestierten die anderen Zuhörer so lange, bis der Sprecher die Worte genau wiedergab, wie sie ihre Vorfahren berichtet hatten.‹«

Frage: »Der Sage nach kam der erste Osterinsulaner, ein Hotu Matua, von einer Insel, die allmählich im Meer versank. Glauben Sie, daß es diesen sagenhaften König der Osterinsel gegeben hat? Und gab es die versunkene Insel – Maori Nuinui, wie sie ja der Sage nach hieß?«

Felbermayer: »Auch König Hotu Matua ist bestimmt keine ›Sagengestalt‹, sondern ein Mann, der wirklich gelebt hat und sein Volk auf die Osterinsel brachte. Unter Maori Nuinui stelle ich mir eine Inselgruppe vor, und auf einer dieser Inseln lebte Hotu Matua. In dieser Geschichte werden

	Namen genannt, so der Vater Hotu Matua! So werden auch die Namen genannt . . ., die sein Bruder, seine Frau hatten, Namen, die bestimmt nicht erfunden sind!«
Frage:	»Der Sage nach schickte der König sieben Seefahrer aus, um die Osterinsel zu besichtigen. Der fliegende Gott Make Make hatte diese Insel ja bereits dem Priester von Maori Nuinui gezeigt. Was halten Sie von dieser Geschichte?«
Felbermayer:	»Die Geschichte der sieben Seefahrer . . . ich halte diese Überlieferung für wahr, doch die Geschichte wurde nach der Anschauung der Seefahrer ausgelegt. Doch wir können sicher sein, daß die Fahrt stattfand.«
Frage:	»Glauben Sie, Herr Felbermayer, daß man etwas über die Position der versunkenen Insel, der Urheimat der Osterinsulaner, sagen kann?«
Felbermayer:	»Wo Maori Nuinui gelegen hat, ist natürlich schwer zu sagen. Doch möchte ich Ihnen da eine Aufzeichnung mitteilen, die ich nicht in meiner Arbeit aufschrieb: ›Fünf von den Neuangekommenen fanden die Insel zu öde und stiegen wieder in ihr Boot, um nach ihrer alten Heimat zurückzufahren, die in der Richtung der sinkenden Sonne lag! Also muß Maori Nuinui im Westen der Osterinsel gelegen sein.«
Frage:	»Was halten Sie eigentlich von der Theorie Heyerdahls?«
Felbermayer:	»Sie sprechen da von Herrn Heyerdahl! Wenn Sie Ihre Informationen aus dem Werk ›Reports

of the Norwegian Archeological Expedition‹ haben, das in Stockholm, Schweden, auf Englisch herausgekommen ist, dann sind Sie gut beraten! Wenn Sie Ihre Informationen aber aus dem Buch Aku Aku haben . . ., lassen Sie lieber die Finger davon!

Ich möchte Sie auf Alfred Métraux' Buch ›Die Osterinsel‹ aufmerksam machen. Oder wenn Sie spanisch sprechen, auf das Buch von Pater Sebastian Englert ›La Tierra de Hotu Matua‹. Ich selbst halte Métraux für einen der besten Kenner der Südsee.«

Ende 1994 wurde Thor Heyerdahls These von einer Besiedlung der Osterinsel von Peru aus endgültig als falsch widerlegt. Eine Arbeitsgruppe unter Leitung der Anthropologin Erika Hagelberg von der Universität Cambridge untersuchte die DNA von Menschen aus dem Raum Polynesien, aus Peru und von der Osterinsel. Ergebnis: Sollten jemals Kontakte zwischen der Osterinsel und Peru bestanden haben, dann können sie nur kurzfristig und sporadisch gewesen sein. Damit ist bewiesen: Woher die Ur-Osterinsulaner auch kamen, ihre Heimat lag zweifelsohne nicht in Peru.

Nebenbei gesagt: Bei meinem Besuch 1992 auf der Osterinsel stellte ich fest, daß dort niemand an Heyerdahls These glaubte.

Kapitel 19
Die Methoden der Gegner

Der wohl bekannteste und erfolgreichste Autor, der sich mit der Theorie von vorgeschichtlichen Astronautenbesuchen beschäftigt, ist Dr. h.c. Erich von Däniken.

Im folgenden möchte ich mich zunächst mit einem der Hauptgegner Erich von Dänikens auseinandersetzen.

In mancherlei Hinsicht mögen Erich von Dänikens Arbeitsmethoden unkonventionell und, was meiner Ansicht nach besonders für seinen ersten Bestseller gelten mag, nicht immer wissenschaftlich sein, aber Erich von Däniken bezeichnete sich selbst nie als Wissenschaftler, sondern als »Sonntagsforscher«, der in erster Linie gegen zu bequeme, teilweise schon fast als Phlegmatiker zu bezeichnende Wissenschaftler angreift, in dem er teils kritisiert, teils polemisiert, teils akzeptierte Gedankenwelten durch verblüffende Fakten, Thesen und Behauptungen ins Wangen bringt. Erich von Däniken will Denkanstöße liefern! Gelegentlich wird Erich von Däniken vorgeworfen, er arbeite »unwissenschaftlich«. Dabei wird dieser Vorwurf gern von Kritikern erhoben, die ihrerseits alles andere als seriös arbeiten, wenn es darum geht, Däniken »eins auszuwischen«. Man ist versucht zu sagen: Wenn es gegen Däniken geht, sind wohl alle Mittel erlaubt.

Der bei weitem unseriöseste und zugleich erfolgreichste Anti-Däniken ist Gerhard Gadow mit seinem Büchlein »Erinnerungen an die Wirklichkeit«, auf das ich hier eingehen will und muß, da hier Erich von Däniken in mancherlei Hinsicht, gelinde gesagt, Unrecht getan wird!

Beginnen wir mit dem Vorwort Gadows:

»Diese Schrift«, so läßt der angebliche Archäologiestudent (Verlagsreklame), der in Wirklichkeit Rechtswissenschaften studiert hat, verlautbaren,

»wurde nicht mit dem vielleicht nötigen Abstand verfaßt. Ihr polemischer Charakter ist nicht zu leugnen. Allerdings handelt es sich – und darin soll es sich von Dänikens Spekulationen absetzen – um eine Polemik mit sachlichem Unterbau.«

Soweit Gerhard Gadow.

Dr. Wolfgang Briegleb und Professor Siegfried Ruff schreiben in »Waren die Götter Astronauten?« in einer Fußnote, daß es sich bei Gadows Werkchen zwar um die detailreichste Kritik handle, sie sprechen den Erinnerungen an die Wirklichkeit aber Stichhaltigkeit ab. Zur Polemik Gadows schreiben die beiden Autoren:

»Wir meinen, daß diejenigen einer möglichen Blamage entgegensehen, die den polemischen Däniken polemisch abzutun versuchen.«

Im gleichen Vorwort schreibt Gadow weiter:

»Leider war es nicht möglich, allen von Däniken erwähnten und ›ungelösten Rätseln der Vergangenheit‹ auf den Grund zu gehen, denn die meistens fehlenden, gelegentlich falschen und selten richtigen Quellenangaben für die Behauptungen hätten jahrelange Nachforschung erforderlich gemacht.«

Wieder ganz anderer Ansicht ist da Jürgen Nienhaus. In »Waren die Götter Astronauten?« schreibt der Wissenschaftler:

»Der Autor (Erich von Däniken) hat die benützte Literatur korrekt und, wie es in der Wissenschaft üblich ist, in einem Literaturanhang zitiert.«

Maria Reiche, die zwar von Dänikens Theorien ablehnt, schreibt anerkennend über die Genauigkeit des Schweizers:

»Was Dänikens Buch als Quellenmaterial brauchbar macht, sind die genauen Maße, die er von ihm besuchten Orten mitgebracht hat. Wenn Däniken auf dieser Linie weiterarbeitet, werden seine Untersuchungen wirklich wissenschaftlichen Wert haben.«

Im ersten Kapitel seines Werkes läßt sich Gadow über die Unterlagen Erich von Dänikens aus. Er behauptet, unter anderem, daß Erich von Däniken sein Wissen

»fast allein aus fünf Büchern«

beziehe.

Erich von Däniken, so fährt Gadow fort, habe von dem französischen Schriftsteller Charroux viel übernommen, ja, er habe sogar von ihm wörtlich abgeschrieben! Das ist ein wirklich schwerwiegender Vorwurf! Doch offensichtlich hat Robert Charroux noch nicht Gadows Broschüre gelesen. Wie sonst könnte Charroux auf die Frage eines Journalisten, ob Erich von Däniken abgeschrieben habe, geantwortet haben:

»Däniken hat bestimmt nicht abgeschrieben!«

Ich möchte nun zu Gadows fehlerreichstem Kapitel, nämlich zu »Die Renommierbeweise Erich von Dänikens«, kommen.

Ich übergehe hierbei Wortplänkeleien wie die folgende:

Wenn im »stern« stand:

»Den Renommierbeweis für seine Thesen fand Erich von Däniken in den 1746 entdeckten Ruinen der alten Mayastadt Palenque«,

dann schreibt Gadow:

»Nun, die Stadt heißt Palenque und wurde 1773 entdeckt, und den ›Renommierbeweis‹ fand nicht Däniken, sondern der mexikanische Archäologe Dr. Alberto Ruz.«

Dazu meine Anmerkung: Erstens – EvD hat nie behauptet, den Beweis, die Grabplatte von Palenque, selbst gefunden zu haben. Das Wort »fand« ist hier im übertragenen Sinn gebraucht worden.

Zweitens – die Grabplatte wurde nicht von einem Herrn Ruz, sondern von einem Herrn Alberto Ruiz Lhuillier entdeckt. Drittens – der Mexikaner fand die Grabplatte nicht 1952, wie Gadow besserwisserisch behauptet, sondern 1932! (Ullstein Kunstgeschichte, Altamerikanische und iberoamerikanische Kolonialkunst). Gadow irrte sich bei der Altersangabe um 20, Däniken um 3 Jahre. Wesentlicher als derartige geringfügige Fehler – bei Erich von Däniken wie bei Gadow – erscheint mir der Kommentar von Siegfried Ruff und Wolfgang Briegleb, beide Raumfahrtwissenschaftler, zu einer der wichtigsten Beweise EvDs:

»Man muß sich wirklich Gewalt antun, um nicht mit den Augen unserer Tage eine stilisierte Gemini- oder Wostokkapsel zu erkennen. Zwei unkenntlich gemachte Fratzen – G. Gadow weist darauf hin – in der Reproduktion bei Däniken schwächen diesen Eindruck nicht ab.

Auch die Kritik an einer von Däniken fehlinterpretierten

Betrachtungsrichtung ist verfehlt, da die Ansicht in Richtung der Fratzen die Aussage des Bildes nicht verändert. Die Körperhaltung der dargestellten menschlichen Gestalt ist eigentlich nur sinnvoll, wenn sie eine Beschleunigung in Richtung Brust – Rücken erhält. Daß der hypothetische Raketenpilot zudem anscheinend hemdsärmlig fliegt, ist eine inzwischen vertraute Vorstellung.«

Wernher von Braun hat sich übrigens in einem Brief an Erich von Däniken nicht anders geäußert.

Doch zurück zu Gerhard Gadow. Der schreibt munter drauflos:

»Die lästige Beweisführung erspart er sich allerdings. Genauso, wie er sich mit der Vokabel ›Steinzeichnung‹ der Schwierigkeit enthebt, auf den Inhalt des Grabes einzugehen. Der bestand nämlich nicht aus einem Toten im Raumanzug. Vielmehr enthielt der Sarg die geschmückten Überreste eines Mayapriesters, dem zu Ehren 6 weitere Mayas geopfert worden waren.«

Mir scheint, daß sich Gadow beim Lesen der Dänikenbücher nur wenig Zeit genommen hat. Denn der Schweizer Bestsellerautor hat nie behauptet, daß sich in dem Sarg ein toter Astronaut befunden habe! Ganz im Gegenteil! Nach EvDs Theorie haben die raumfahrenden Götter ihre Verstorbenen stets wieder mitgenommen. (Ebenso würden sicherlich die Astronauten der NASA handeln, wenn bei einer Mondexkursion einer ihrer Kollegen tödlich verunglücken würde.) Ebensowenig »verschweigt« EvD, daß es sich bei dem Steinrelief um eine Grabplatte handelt. Am deutlichsten wird das im Bildteil der »Erinnerungen an die Zukunft«. Unter einem Photo des Tempels der Inschriften steht:

»Hier sah der Autor (EvD) die phantastische Grabplatte . . .«

Es ist auch völlig gleichgültig, ob der Maya auf dem Steinbild einen komplizierten Helm oder eine seltsame Frisur trägt, die an einen komplizierten Helm erinnert!

Denn: Warum trugen denn die Mayas solche unpraktischen Frisuren?

Um die Helme der Götter nachzumachen?

Ähnlich verhält es sich bei den Felsmalereien aus Tin-Tazarift, Tassili. Die schwebenden Gestalten weisen nach Gadow Tätowierungen auf! Dagegen ist nichts einzuwenden! Aber für die Menschen der damaligen Zeit waren eben Aufschriften auf Raumfahreranzügen »Tätowierungen«!

Doch zurück zum Astronauten von Palenque. Sinnigerweise gibt Gadow das Titelbild von »Erinnerungen an die Zukunft« nicht in Originalgröße, sondern als Miniatur wieder: So sind wirklich keine Fratzen mehr zu erkennen! Was die Symbole bedeuten, die das Hauptmotiv der Platte umrahmen, ist ungewiß. Für eines der zwölf Symbole gibt es gleich zwei Interpretationen! Am Bug des Fahrzeuges könnte ein Papagei dargestellt sein. Der Vogel ist das Zeichen der Mayas für Sonne oder Weltall. Ebenso zulässig ist eine weitere Interpretation: Bei dem Tier könnte es sich um die »gefiederte Wolkenschlange« der Mayas handeln.

Soweit der erste echte Renommierbeweis!

Der zweite, wesentliche Beweis: die Straßen von Nazca!

Auf Seite 64 seiner Broschüre schreibt Gadow:

»Leider verschweigt Däniken eine Vielzahl von Einzelheiten, die eindeutig beweisen, daß die Ebene (von Nazca) zu keinem Zeitpunkt ein Flughafen gewesen sein kann.

Einmal befinden sich unter mysteriösen Linien Abbildungen von Vögeln, Spinnen und Walfischen.«

Soweit Gadow. Doch von Däniken »verschweigt« das Vorhandensein dieser Tierzeichnungen keineswegs!

Er verwendet sie vielmehr als wichtigen Bestandteil seiner Theorie! So gibt er eine maßstabgetreue Zeichnung von Maria Reiche wieder, auf der zehn Tiere abgebildet sind.

Ein 11. beschreibt EvD im Text! Von Däniken nennt also acht Tierarten mehr als Gadow! Nicht Erich von Däniken ist es, der »verschweigt«, sondern Gerhard Gadow!

Weiter schreibt Gadow:

»Sodann stellen unter den abstrakten Zeichnungen nicht die geraden (nach astronomischen Gesichtspunkten ausgerichteten) Linien die Mehrzahl, sondern spiral- und zickzackförmige! Däniken, der darüber bei der Abfassung der ›Erinnerungen an die Zukunft‹ informiert war, wird in der nächsten Veröffentlichung gewiß die Vorteile der spiral- und zickzackförmigen Landebahnen darlegen und so vielleicht auch das Flughafenwesen revolutionieren.«

Lesen wir in Erich von Dänikens Bestseller »Erinnerungen an die Zukunft« nach. Nach Erich von Dänikens Theorie landeten auf der menschenleeren Hochebene von Peru in der Nähe des kleinen Örtchens Nazca irgendeinmal in der Vergangenheit Astronauten.

Nach ihrer Ankunft errichteten sie einen – zunächst vielleicht nur improvisierten – Flugplatz. Von den »Göttern« wurden die heute noch sehr gut sichtbaren drei geraden Pisten angelegt.

Vielleicht markierten die Fremden die Landebahnen mit einem uns noch unbekannten Werkstoff? Nach Beendigung der Exkursionen verließen die Astronauten die Ebene von Nazca.

Als die verschwundenen Götter nach einiger Zeit nicht wiedergekommen waren, vermißten die Menschen die Hilfe der Außerirdischen. Die Menschen versuchten, die »Götter« zu veranlassen, wiederzukommen. Zunächst pflegten sie die drei Pisten. Trotzdem blieben die Götter aus.

Hatten die Menschen etwas falsch gemacht?

Nach vielen Jahren des Wartens – die Pisten verfielen allmählich – erinnerten sich einige Menschen daran, daß die Götter stets gesagt hatten, sie seien von den Sternen gekommen. Um die Götter herbeizulocken, bauten die Menschen kleine Pisten, die nach den Sternen ausgerichtet waren. Doch immer noch blieben die Astronauten aus!

Um den Göttern Zeichen zu geben, begannen die Menschen, Tierbilder in den Boden zu scharren.

Als sich immer noch kein Erfolg einstellte, hörten die Menschen auch damit auf: So verfielen Tierzeichnungen wie Pisten und gerieten in Vergessenheit.

Das ist Erich von Dänikens Theorie kurz zusammengefaßt. Wir sehen also, daß Gerhard Gadow widerlegt, was Erich von Däniken nie behauptet hat!

Anschließend noch einige Beispiele, die verdeutlichen sollen, wie Gerhard Gadow »Gegenbeweise« sammelt.

Gadow: »Bereits im 18. Jahrhundert fertigten Seefahrer Zeichnungen von Osterinsulanern an.

Solche von Riesen und Raumfahrern befinden sich allerdings nicht darunter.«

Nach Erich von Dänikens Büchern fand der letzte Besuch

der Astronauten um 600 vor Christus statt (Hesekiel!). Wenn die Seefahrer auch »schon« im 18. Jahrhundert auf der Osterinsel waren, dann waren sie trotzdem schon an die 2500 Jahre zu spät dran, wenn sie mit der »Absicht« gekommen sein sollten, die Riesen und die Astronauten der Vorzeit zu sehen. Daß nur eine einzige der Statuen um zwei Meter über die zehn Meter reiche, das ist eine lächerliche Untertreibung. Gadow kann soviel über die Statuen behaupten wie er will, Fritz Felbermayer, der Osterinselexperte, schreibt, wie groß sie wirklich sind:

»Einige Statuen sind nur wenige Meter hoch, andere ragen bis zu 20 Meter empor.«

Der gleiche Wissenschaftler spricht übrigens von »Hüten der Osterinselriesen« und nicht von »symbolischen Frisuren« wie Gerhard Gadow. Es sind auch nicht »kleinere Monumente« (der Ausdruck ist ein Paradoxon in sich selbst!), die an Südamerika erinnern, sondern gewaltige Grabmäler! Fritz Felbermayer schreibt:

»Als ein zweites Wunder ziehen die Ahu die Aufmerksamkeit der Besucher auf sich. Die Grabmäler, die sich fast alle an der Küste befinden, sind terrassenförmig aus Steinquadern aufgebaut. Auf ihrer höchsten Plattform standen einst Steinfiguren, die schon bei den ersten Besuchern das größte Erstaunen hervorriefen. Im Innern dieser Steinterrassen befinden sich die Grabkammern, in denen vor langer Zeit die Bewohner der Insel ihre Toten beisetzten. Man kann deutlich sechs verschiedene Typen von Grabmälern unterscheiden. Von den beiden bedeutendsten ist das erste aus mächtigen, schön bearbeiteten Steinquadern so zusammengefügt, daß sich keine Fugen feststellen lassen. Seine Bauart weist auf die Inka in Peru hin. Der schönste dieser Art ist der ›Ahu Vinapu‹«.

Von der Osterinsel nach Südamerika, zu den Olmeken: Erich von Däniken schreibt, daß man nur kleinere Monolithen bis zu einem Gewicht von 50 Tonnen in Museen besichtigen kann und daß man größere nur an Ort und Stelle bestaunen kann. Hier sieht G. Gadow wieder einen der Dänikenschen Fehler. Er schreibt polemisch, gehässig, wie das so seine Art ist:

»Wen der Zufall nach Mexico verschlägt, der mag seinen Blick ins staatliche Museum für Anthropologie werfen. Er wird unter anderem auch eine 16 (sechzehn) Tonnen schwere Steinfigur der Olmeken erblicken, die sich dort schon seit einiger Zeit befindet.«

Was soll's?

Von Däniken schreibt, daß man Steinfiguren, die schwerer sind als 50 (fünfzig) Tonnen, nicht in Museen besichtigen können wird! Und ein 16 Tonnen schwerer Stein ist eben leichter als 50 Tonnen . . .

Gadow: »Glaubt man Erich von Däniken, dann erhielt Tiahuanaco in Bolivien vor Urzeiten hohen Besuch. Eine Frau landete in einem Raumschiff auf der Erde . . . gebar 70 Erdenkinder und zog sich ins Weltall zurück. Mehr schreibt Däniken nicht.«

Sodann fährt Gadow fort:

»Desto gesprächiger ist sein ungenannter Informant Charroux. Er (also Charroux!) verrät sogar den Partner dieser fruchtbaren Verbindung. Adam war demnach ein Tapir.«

Eine halbe Seite (!) weiter widerspricht sich Gadow selbst, was laut Gadow »bei einem extrem wahrheitswidrigen Text auch nicht anders zu erwarten ist«.

Da schreibt Gadow nämlich plötzlich:

»Dänikens Repertoire ist jedoch keineswegs mit vierfingrigen Göttern, die sich mit Tapiren paarten, erschöpft!«

Gadow hat Charroux' Behauptung (Paarung mit Tapir) EvD in den Mund gelegt.

Ebenso unzutreffend ist die Behauptung Gadows, die Außerirdischen hätten Europa gemieden.

In meiner Ausgabe von »Erinnerungen an die Zukunft« steht z. B. von Felsmalereien und phantastischen Gravuren in der Schweiz, in Spanien, Italien, die als Erinnerungen an eine phantastische Vergangenheit gedeutet werden können! Es wäre sicherlich für das Werk Herrn Gadows von großem Nutzen gewesen, wenn er vor Verfassen seines Büchleins das Buch »Das seltsame Leben von Erich von Däniken« gelesen hätte. Dann wüßte er zum Beispiel, daß Erich von Däniken neben einigen Dialekten vier Sprachen spricht! Wenn der Schweizer Autor im Literaturverzeichnis einige Quellen mit Originaltiteln angibt, dann hat er eben besagte Werke in der Originalsprache gelesen.

Aus zahlreichen Beispielen habe ich einige ausgewählt, um die Methoden des Herrn Gadow zu verdeutlichen. Wie wenig die Gadowsche Broschüre taugt, das merkt jeder, der die Dänikenschen Bücher gelesen hat.

Und jeder, der sich etwas mit der Materie beschäftigt hat, wird merken, wie Gerhard Gadow arbeitet:

1. Gadow kritisiert seitenweise belanglose Druckfehler, wobei er auf die Dänikenschen Theorien eigentlich fast nirgends eingeht.

2. Gerhard Gadow widerlegt, was Erich von Däniken nie

behauptet hat, und legt dem Schweizer Äußerungen in den Mund, die dieser niemals getan hat.

3. Gadow widerspricht sich gelegentlich selbst, was ja – so Gadow – von einer »extremen Wahrheitswidrigkeit« zeugt.

4. Obgleich Gadow sich mit EvDs Theorien auseinandersetzen will, das verkündet er in seinem Vorwort, schreibt er seitenweise über Autoren, die ganz offensichtlich nichts mit den Dänikenschen Büchern zu tun haben.

5. Gadows »Quellenstudium« läßt keinesfalls die Thesen über die Entstehung und den Aussagewert von besonderen Funden als zweifelhaft oder falsch erkennen.

Gewiß, Gadow weist Däniken kleine Fehler nach, aber diese Fehler sind unbedeutend und tragen nicht, wie Gadow seinen Lesern glauben machen möchte, Erich von Dänikens Theorie.

Hains Humor

Walter Hain, laut imposantem Briefkopf »Privatforscher grenzwissenschaftlicher Phänomene«, setzte sein Motto »stop pseudo science« dick gedruckt zwischen selbstverliehenen Titel und Absender. Er selbst hält sich nicht an jenes englische Schlagwort. Im Oktober 1980 hielt der Österreicher auf dem Deutschlandtreff eine flammende Rede: »Wir vom Mars« – nach seinem gleichnamigen Buch betitelt. Vehement vertrat er da eine These, an die er selbst nicht glaubt. Da führte er den Besuchern der Tagung Photos vom Mars vor. Deutlich, so Hain, sei da auf dem Mars ein »Gesicht« zu sehen. Von dieser These hatte er freilich längst abgeschworen: »Die auf diesem Planeten (Mars!) gefundenen ›Ruinen‹ sind anscheinend doch natürlicher Herkunft wie auch das ›Marsgesicht‹. Es handelt sich wahrscheinlich doch um geologische Formationen an der Marsoberfläche und ›Schattenspiele‹.« (Irrwege der Geschichte, Seite 323.)

In seinem Fuldaer Vortrag hatte es Hain nicht versäumt, auf das Raumschiff von Hesekiel hinzuweisen. Als interstellares Gefährt sei es nicht einsetzbar, freilich aber als Fähre zwischen Mars und Erde. Was er selbst als Beweis für seine »Marstheorie« einsetzte, hatte er zuvor schon in seinem Buchmanuskript längst ad acta gelegt (Irrwege, Seite 186). Demnach war das laut NASA-Ing. Blumrich, so Elektriker Hain, nachkonstruierte Raumschiff unbrauchbar, eine Fehlkonstruktion! Nicht mehr als verwunderlich empfindet es gewiß der Leser, wenn er erfährt, daß Hain in seinem Vortrag zu Fulda auch die Grabplatte von Palenque in seine Theorien einbezog. Auch das Palenquegefährt sei als Verbindungsraumschiff Erde–Mars und umgekehrt vortrefflich geeignet gewesen. »Mit diesem Relief, das außerdem schief und verzogen ist, habt ihr liebe(n) Außerirdischen, die ihr angeblich auf unserer Erde gelandet sein sollt, eure überlegene und hohe Intelligenz nicht bewiesen.« Seltsam, in Fulda, nachdem Hain diese Zeilen niedergeschrieben hatte, kündete er just das Gegenteil. Herr Hain hielt also in Fulda einen Vortrag, zu dem er überhaupt nicht stand, was den Verkauf seines Buches beschleunigt haben mag, keineswegs aber ein Zeichen von Redlichkeit ist. Den Willen zur Redlichkeit spricht sich Hain freilich selbst gerne zu (Seite 169), Erich von Däniken aber ab (271): »Danach hat sich Däniken doch seinen Beweis aus den Fingern gesogen und bewußt gelogen.« Durchaus ein harter Angriff, aber an den falschen Absender gerichtet!

Herr Hain bietet eine Fülle von Material, die kaum zu überblicken ist. 1143 Fußnoten zieren sein Werk. Ich möchte mich bei meiner Kritik auf unmittelbar Nachprüfbares beschränken. Herr Hain verweist da nämlich auf eine Arbeit von mir: »Walter-Jörg Langbein meint, ›die technische Vision der Ezechiel-Vision . . . ist zwingender‹, und zitiert den Text bei Ez. 1,18 mit ›und die Felgen hatten Schwungmacht‹, obwohl weder Blumrich noch Ezechiel so etwas behaupten.« Tatsächlich zitiere ich keine moderne Übersetzung, sondern eine *wörtliche* Übersetzung – zum gleichen Ergebnis muß jeder kommen, der Wort für Wort buchstabengetreu ins Deutsche überträgt. Keineswegs so anmaßend, meine Übersetzung gegen alle übrigen der Welt durchsetzen zu wollen, verweise ich auf die Standardübersetzung von Martin Buber (Bücher der Kündung / Jakob Hegner, S. 428): »Ihre Felgen aber, Schwungmacht war deren, Furchtbarkeit war deren . . .« Die »Schwungmacht« ist also korrekt wiedergegebene wörtliche Übersetzung des hebräischen Textes – und steht auch in keinem Widerspruch zu Blumrich! Herr Blumrich kennt meine Übersetzung von der AAS-Weltkonferenz in München (1979) her, er hat mir, zuletzt am 26. Februar 1981, immer wieder bekräftigt, daß die wörtlichen Übersetzungen seine Erkenntnisse nur noch wahrscheinlicher machen! Blumrichs Hesekielversion – diesen Hinweis zitiert Hain wohlweislich nicht aus meinem Vortrag »Die Sache mit den Urtexten« – wird zudem durch die »Schriften vom Roten Meer« bestärkt, da liegen Hinweise ähnlicher Begegnungen.

Es zeigt sich, daß Hains Gegenargumente nicht stichhaltig sind – diese Schwäche sei ihm verziehen. Wesentlich unschöner ist freilich, daß er sein Opus gegen die Prä-Astronautik unter dem Titel »Irrwege der Geschichte« anbietet – der unbedarfte Leser, der Hain von seinem Marsbuch und Fulda her kennt, vermutet hinter dieser Bezeichnung ein Buch im Sinne Dänikens, eben eine Korrektur der Geschichtsschreibung im Sinne der Prä-Astronautik. Daran ändert auch der verquere, sprachlich unsinnige Titel nichts: »Revision der Götter Astronauten und Atlantis.« Der unfreiwillige Humor in Hains Buch tröstet dabei auch nur wenig über diese (bewußte oder unabsichtliche) Täuschung hinweg. Ein Beispiel zur Aufheiterung mag genügen: ». . . Edwin ›Buzz‹ Aldrin. Er griff zur Flasche, nahm Rauschgifte . . . und verletzte seine Frau. Sie ließ sich wie alle Raumfahrerehefrauen von ihm scheiden« (Seite 367). Beachtlich, Aldrin dürfte der einzige Mensch der Welt sein, der auf dem Monde wandelte und zudem noch mit »allen Raumfahrerehefrauen« verheiratet war. Wie sonst konnten sich sonst »alle Raumfahrerehefrauen von ihm scheiden« lassen? Hains Buch soll aber nicht verharmlost werden als eine humorige Lektüre für eine Mußestunde – es kann in seiner Wirkung deshalb gefährlich sein, weil es echte Funde als zweifelhaft darstellt. Mag ja sein, daß das Photo von dem Felsbild aus Hokkaido, Japan, von Frau Anni Baguhn stammend, für »Waren die Götter Astronauten« zur Verfügung gestellt wurde. An der Existenz dieses Felsbildes kann es aber keinen Zweifel geben.

Das Felsbild von Hokkaido ist eine Art Touristenattraktion geworden. Es erfreut sich großer Beliebtheit – auch als Motiv einer schönen Bildpostkarte.

Es ist bei vielen Gegnern der Prä-Astronautik eine Art »Sitte« geworden, die Existenz unbequemer Fundstücke und Artefakte einfach zu leugnen, weil die gängigen »Erklärungen« einfach nicht ziehen. Professor Haber zweifelt gar an der Grabplatte von Palenque, behauptet, für sein Buch »Eine Frage, Herr Professor« kein Photo gefunden zu haben. Tatsächlich hat er sich nie um eines bemüht und den Econverlag nur um eine Zeichnung gebeten. Professor von Ditfurth behauptete in einem Aufsatz für den »Böhringer Kreis«, es gebe keine ägyptischen Flugzeugmodelle – diese unwahre Behauptung ist längst widerlegt, Herr von Ditfurth hat seinen Fehler schriftlich (auf Anfrage) zugegeben, eine Gegendarstellung erfolgte bislang noch nicht – sie wurde immer wieder abgelehnt. Dabei kennen Millionen von Kinobesuchern die Flugzeugmodelle – aus dem bekannten Dänikenfilm »Erinnerungen an die Zukunft«.

Zurück zu Herrn Hain: Heute, anno 1995, ist der emsige Forscher wieder »rückfällig« geworden. Er vertritt wieder seine ursprüngliche Theorie, wonach es auf dem Mars doch eine riesenhafte, künstlich geschaffene Struktur in Gestalt eines menschlichen Gesichtes gibt. 1995 erschien im Herbig Verlag Hains imposantes Sachbuch »Das Marsgesicht und andere Geheimnisse des Roten Planeten«.

Kapitel 20
Woher kamen die Astronautengötter?

1. Spekulation: Kamen sie aus unserem Sonnensystem?

Schon heute glauben fortschrittliche Wissenschaftler, daß es einmal in ferner Zukunft möglich sein wird, die Erde in ein gewaltiges Raumschiff zu verwandeln und mit der Erde unser Sonnensystem zu verlassen. Vielleicht wird man Materie direkt in Energie umwandeln können, nach Einsteins

$$E = m \times c^2.$$

Vielleicht gab es einmal in unserem Sonnensystem einen Planeten mehr, auf dem eine uns heute weit überlegene Superhochkultur zu Hause war?

Ich spekuliere:

1. Vor Jahrtausenden gab es einmal in unserem Sonnensystem einen Planeten zwischen Mars und Jupiter: den damals fünften Planeten. Ich möchte ihn deshalb, eben weil er damals der 5. Planet unseres Sonnensystems war, den »Fünften« nennen. Dieser Planet beherbergte eine Kultur, die schon vor Jahrtausenden der unsrigen haushoch überlegen war.

2. Die Bewohner des »Fünften« hatten ihr gesamtes Sonnensystem bereits erforscht. Vielleicht hatten sie schon auf einigen der anderen Planeten Forschungsstationen errichtet.

3. Die Wissenschaftler und Forscher des »Fünften« fanden auf der Erde die Vorfahren der heutigen Menschheit vor: affenähnliche Wesen. Durch einen gezielten Eingriff in die Gene dieser Primitivwesen, eine künstlich herbeigeführte Mutation, wurde das menschliche Geschlecht erzeugt.

4. Da die Astronauten ja aus unserem Sonnensystem kamen, konnten sie die Erde wie auch die übrigen Planeten unseres Sonnensystems relativ oft besuchen.

Bei ihren späteren Besuchen, nämlich als die Menschen schon mehr der Gattung des Homo sapiens als der Tierwelt angehörten, wurden die Astronauten als »Götter« verherrlicht, denn als solche erschienen sie den Menschen in ihrer scheinbar unendlichen Macht.

5. Eines Tages beschlossen die vom »Fünften«, ihren Planeten in ein riesiges Raumschiff zu verwandeln und das Sonnensystem zu verlassen.

6. Natürlich wußten die Fremden, daß das für die übrigen Planeten katastrophale Auswirkungen haben würde. Daher bereiteten sie die Menschen auf die kommenden Ereignisse vor. Sie warnten die Menschen vor Kälte und Fluten, vor allem aber vor den dadurch entstehenden Hungersnöten. Sie befahlen ihnen, sichere Nahrungsmittellager anzulegen. Gehorsam taten die Erdenmenschen auch, was man ihnen aufgetragen hatte.

7. Nachdem es ja die fremden Astronauten gewesen waren, die die Menschen herangezüchtet hatten, versuchten sie natürlich, ein Verkommen der neuen Art zu verhindern. Die mißratenen Exemplare vernichteten sie.

8. Doch je weiter sich die Fremden – in oder auf ihrem Planetenraumschiff – vom Planetensystem entfernten, um so seltener wurden ihre Besuche. Sie mußten ja immer weitere Strecken zurücklegen.

9. Mehr und mehr gingen die Astronauten vom »Fünften« in die Mythologie ein.

Eines Tages entstanden aus Sagen und Legenden Religionen!

10. Später entstanden dann – oft nach Berichten – Zeichnungen und Gemälde in Höhlen und an Felswänden, die die Götter darstellen sollten.

11. Die Spuren der »Götter« wurden gepflegt, man versuchte, sie nicht in Vergessenheit geraten zu lassen. Alle Hinterbleibsel der Fremden galten als heilig.

Die von den Astronauten zurückgelassenen Gegenstände wurden zu Reliquien, sie wurden verehrt, und im Laufe der Zeit entstanden Kulte.

12. Immer mehr der von den »Göttern« hinterlassenen Gegenstände gingen verloren oder wurden zerstört.

Kopien von den »Kultgegenständen« wurden angefertigt. Es blieben auch die Rätsel, die die Götter zurückließen, um die Menschen Jahrtausende später auf eine phantastische Vergangenheit aufmerksam zu machen.

Später sollte man auf die Idee kommen: Die Batterie im Irak, die Helmgötter vom Val Camonica, der nichtrostende Eisenpfeiler in Indien, die Grabplatte von Palenque, die Beschreibung bei Hesekiel, um nur einige der Rätsel der Vorzeit zu nennen, alle diese Fragen finden leicht eine Antwort, wenn man davon ausgeht, daß dereinst einmal Astronauten auf der Erde landeten.

13. Immer seltener kamen die »Götter« in ihren Raumschiffen zurück und gaben neue Instruktionen – Buch Henoch!

14. Der letzte nachweisbare Besuch der Fremden fand ca. 590 vor Christus statt.

15. Es könnte aber in jüngeren Zeiten weitere Besuche der Außerirdischen gegeben haben: Denken wir nur an die

zahllosen Berichte über »UFOs« aus der Zeit des Imperium Romanum.

2. Spekulation: Kamen die »Astronauten« aus einer anderen Dimension?

Ich halte es für eine durchaus in Erwägung zu ziehende Möglichkeit, daß die Astronauten der Vorzeit aus einer anderen Dimension kamen. Im folgenden möchte ich daher etwas ausführlich beschreiben, wie ich mir die verschiedenen Dimensionen vorstelle.

2.1. Unsere Welt

Die Welt, in der wir leben, ist dreidimensional. Wir können uns in die drei Hauptrichtungen
vor/zurück,
rechts/links und
oben/unten
bewegen.

Aus der vierten Dimension (ob wir darunter die Zeit oder eine weitere, übergeordnete Räumlichkeit verstehen) können wir nicht ausbrechen. Hypothetische zweidimensionale Wesen können nur auf Flächen hin und her rutschen, die dritte Dimension (sagen wir: oben/unten) würde für diese Wesen nicht realisierbar sein. Allenfalls könnten sie darüber Überlegungen anstellen, ob es außer den ihnen bekannten zwei Räumlichkeiten noch weitere Dimensionen gebe. Eindimensionale Wesen gar wären noch eingeengter in ihrem Lebensraum: Für sie gäbe es nur ein Vor und Zurück.

Alle diese Überlegungen sind natürlich, was ein- und zweidimensionale Lebewesen angeht, rein hypothetisch und sollen die Vorstellung von vierdimensionalen Wesen verdeutlichen.

2.2. Wir und eine zweidimensionale Welt

Wir wollen uns einmal eine zweidimensionale Welt vorstellen: Nehmen wir an, auf dem Bildschirm eines Fernsehapparates würden denkende Wesen leben. Diese Flächenwesen könnten sich keine andere Art der Fortbewegung vorstellen, als auf der Ebene des Bildschirms klebend umherzurutschen. Ihre Sinne wären auf zwei Dimensionen beschränkt, sie könnten also nur wahrnehmen, was sich direkt in oder auf ihrer Flachwelt abspielt. Eine wahrlich deprimierende Vorstellung!

Wenn sich ein räumliches Wesen direkt vor sie stellen würde, würden es unsere hypothetischen Flachweltler (Flachweltbürger) nicht sehen.

Gibt es nun für einen dreidimensionalen Menschen die Möglichkeit, in eine solche zweidimensionale Welt einzugreifen?

Ja!

Ein Mensch, zum Beispiel, müßte nur die hypothetische zweidimensionale Welt des Fernsehschirmes berühren! Und schon würde er mit einem Teil seines Körpers urplötzlich in der Flachwelt auftauchen. Und das gewiß sehr zum Erstaunen der Bewohner jener Welt.

2.3. Wir und die dritte Dimension. Wir und die vierte Dimension

Wie wir Menschen (Dreidimensionalern) das Leben von Zweidimensionalern im wahrsten Sinne des Wortes begreifen könnten, so könnten vierdimensionale Intelligenzen in unserer Welt aus dem Nichts auftauchen . . .

Während ein Zweidimensionaler nur die seine Welt berührende Fläche vom Dreidimensionaler und nicht den ganzen Körper des Räumlichen sieht, so würden auch wir nur die Berührungspunkte zwischen der vierdimensionalen und unserer dreidimensionalen Welt bemerken.

Derartige vierdimensionale Wesen können wir uns hypothetisch sehr wohl vorstellen – doch gibt es sie tatsächlich? Und wenn ja: Sind sie bereits einmal in unserer Welt aufgetaucht?

Wir müssen uns, um diese Frage überhaupt beantworten zu können, überlegen, wie ein derartiger Eingriff aussehen müßte/würde . . .

Zunächst möchte ich nochmals auf die Beispiele der niederen Dimensionen zu sprechen kommen. Ein Eingriff eines Zweidimensionalers in die Welt eines nur in der ersten Dimension lebenden Wesens ist kaum vorstellbar: Der Eindimensionale würde von dem Wesen aus der zweiten Dimension nur die maximale Berührungsfläche zwischen den beiden Welten erblicken, nämlich einen Punkt. Sicherlich kein sehr »erhebender« Moment. Ein zweidimensionales Wesen würde von einem Dreidimensionalen wieder nur die gemeinsamen Punkte beider Welten wahrnehmen: eine Fläche allenfalls, oft auch nur eine Gerade. Vierdimensionale Existenzen hätten da schon bessere Möglichkeiten: Die Berührung zwischen ihrem und unserem Lebensraum muß man sich als Raum vorstellen.

Ich frage nochmals: Wurden bereits vierdimensionale Wesen gesichtet? So verblüffend das klingen mag: Tatsächlich wurden bereits Beobachtungen gemacht, die derartige Kontakte durchaus nahelegen . . .

2.4. Vierdimensionale Wesen greifen ein!

In den siebziger Jahren des vorigen Jahrhunderts gelang es dem Medium Wilma Hardy durch extreme Konzentration, sogenannte Geisterhände aus dem Nichts erscheinen zu lassen.

Der als Naturwissenschaftler hochgeachtete Geologe William Denton reiste »nur« wegen besagter »Hände aus dem Nichts« aus Boston an. Es gelang ihm sogar, Abgüsse von diesen seltsamen Erscheinungen zu machen. So ging er vor: Auf einem niedrigen Tischchen stand ein Behälter mit heißem Wasser. Auf der Wasseroberfläche schwamm eine Paraffinschicht. Die »Wesen«, die von Wilma aus dem Jenseits (der vierten Dimension?) angelockt wurden, tauchten ihre Hände in die Paraffinschicht und fertigten so Abgüsse an. Da der Wissenschaftler vor und nach dem Experiment das Wachs wog, kann ausgeschlossen werden, daß vorgefertigte Wachsabdrücke benützt wurden.

Bei zahlreichen Versuchen wurde der Wasserbehälter mit der Paraffinschicht zusätzlich in einem mehrfach versiegelten Kasten untergebracht. Betrug kann also ausgeschlossen werden.

Eine spätere Untersuchung ergab ein merkwürdiges Ergebnis: Die Paraffinformen waren jeweils aus einem einzigen Stück und nicht etwa aus zwei Teilen zusammengesetzt.

Daraus folgt: Die Handabdrücke können nicht von normalen, das heißt dreidimensionalen Händen hinterlassen worden sein. Nach dem Eintauchen in die Paraffinschicht und dem Erkalten der Form hätte kein Mensch seine Hand aus der Form ziehen können, ohne diese zu zerstören oder zumindest stark zu beschädigen. Der Bildhauer O. Brian kam zum Schluß, eine derartige Hand könne nicht durch einen direkten Abguß produziert werden. Aber just das war immer wieder geschehen. Irrte der als Begutachter herangezogene Fachmann? Nein! Eine dreidimensionale Person hätte nie und nimmer einen solchen Abguß schaffen können. Wohl aber ein Vierdimensionaler! Warum?

Um dies verständlich zu machen, muß ich wieder einmal auf unseren Modellfall zurückkommen. Da es für die Zweidimensionalen kein Entweichen aus der Fläche gibt, genügt in der Flachwelt auch ein zweidimensionales Gefängnis. Mit anderen Worten: Für einen Zweidimensionalen genügt ein auf die Fläche seiner Welt aufgezeichneter Kreis als unüberwindbares Hindernis. Da es für ihn kein »oben/unten« gibt, kann er nicht entweichen.

Ein Dreidimensionaler hingegen kann sehr wohl aus einem zweidimensionalen Gefängnis entkommen: Er macht einen Schritt nach vorn, und schon hat er den Kreis verlassen. Für einen Menschen ist ja ein Strich auf der Fläche gar kein Hindernis, während er für ein Flächenwesen, wie für uns eine unendlich hohe Mauer, unüberwindbar ist.

Für einen Vierdimensionalen ist eine derartige hypothetische Wand kein Problem. Er kann den Weg über die uns verschlossene vierte Dimension gehen. Im folgenden möchte ich Überlegungen darüber anstellen, wie ein vierdimensionales Wesen dreidimensionale Hindernisse überwinden mag. Dabei werden wir von unseren dreidimensionalen Vorstellungen nicht loskommen.

2.5. Wie kann ein Vierdimensionaler dreidimensionale Hindernisse überwinden?

Die Antwort auf diese Frage hängt natürlich davon ab, was wir uns unter der vierten Dimension vorstellen. Die eine Möglichkeit ist – und ich persönlich ziehe diese vor –, in der Zeit die vierte Dimension zu sehen.

Wie wir uns in den drei Dimensionen bewegen (vor/zurück, rechts/links, oben/unten), so kann ein Vierdimensionaler noch in einer zusätzlichen Dimension, der vierten, reisen: in der Zeit? Demnach ist es für einen Vierdimensionalen eine Leichtigkeit, in einen verschlossenen Hohlkörper einzudringen: Das Wesen würde auf der Zeitkomponente seiner Welt in die Vergangenheit gehen, in eine Zeit, zu der es den Hohlkörper noch gar nicht gab. Dann marschiert das Wesen ganz normal wie wir an den Ort, an dem später der geschlossene Körper sein wird, reist erneut in der Zeit (diesmal nur in die Zukunft) und bleibt stehen, zeitlich und räumlich, wenn es sich im Hohlkörper befindet. Die letzte, zweite Zeitreise würde ohne räumliche Bewegung erfolgen.

Wir könnten uns aber eine weitere Möglichkeit vorstellen: Es könnte eine weitere, vierte räumliche Komponente geben, die wir nicht wahrnehmen können, weil sie aus unserer dreidimensionalen Welt herausragt. Genauso hätten Zweidimensionale Schwierigkeiten, sich uns Dreidimensionale vorzustellen. Ein Zweidimensionaler mag vielleicht in der mathematischen Theorie erörtern, ob es höher-dimensionale Wesen geben mag . . . uns! Dabei sind wir doch höchst real!

Am 17. Dezember des Jahres 1877 experimentierte Professor Zöllner mit dem Medium Slade: Zwei Platten wurden berußt und aufeinandergelegt. Es gelang Slade, ein Wesen herbeizuführen, das unsichtbar blieb und das nichtsdestotrotz auf den Innenseiten der aufeinandergelegten Platten Fußabdrücke hinterließ!

Hier einfach von Geistern zu sprechen, das hieße, sich die Lösung eines kuriosen Rätsels zu leicht zu machen. Ich sehe hier wiederum die Möglichkeit des Eingreifens eines Vierdimensionalen! Wir müssen uns bei derartigen Gedanken stets vor Augen führen, daß ein Eingriff eines Dreidimensionalen in die zweidimensionale Welt von den dort lebenden Wesen ebensowenig begriffen werden würde! Zweidimensionale dürften derartige Eingriffe als wissenschaftlich unbelegbar, als Unsinn, als Humbug abtun. Mit dem Wissen ihrer zweidimensionalen Welt könnte und dürfte es den Zweidimensionalen recht schwerfallen, an unsere dreidimensionale Welt zu glauben! Die zweidimensionalen Wissenschaftler würden die Existenz unserer Welt bestreiten, so wie unsere Wissenschaftler vierdimensionale Wesen für nicht existent, ja unmöglich erklären. Einen Seitenhieb kann ich mir nicht verkneifen: Wenn wir die »wissenschaftlichen« Ausführungen mancher Fernsehprofessoren verfolgen, dann kommen zumindest mir Zweifel an ihrer dreidimensionalen Denkfähigkeit. Ihre Ergüsse in Sachen Prä-Astronautik würden selbst zweidimensionalen Hirnen nicht immer zur Ehre gereichen!

2.6. Wie sehen Vierdimensionale aus?

Hypothese: menschenähnlich! Sicher, manchmal waren die Füße, Hände oder einzelnen Finger, die aus dem Nichts auftauchten, kleiner oder größer, als es bei Menschen üblich ist. Bei Wilma Hardy, zum Beispiel, fielen Erscheinungen recht klein aus. Aber die mysteriösen Körperteile oder Wesen, die aus dem Nichts kamen, waren immer von menschenähnlichem Aussehen!

Nicht selten trugen die »Geister« Kleider aus längst vergangenen Zeiten oder sprachen uralte Dialekte oder Sprachen, die von Spezialisten mühsam enträtselt wurden ...

In Anwesenheit des sechsjährigen Mediums Florence Cook materialisierte sich oft eine Gestalt, die sich Katie King nannte. So zum Beispiel am 9. Dezember im Jahre 1873. Einer der bekanntesten Zeugen derartiger Vorkommnisse war ohne Zweifel Alfred R. Wallace, Mitbegründer der Darwintheorie!

Das Medium Marthe Beraud sprach mehrfach von einem sich nur scheu zeigenden Wesen namens Bien Boa (1905), das menschliche Züge aufwies und einen merkwürdigen Helm trug.

Mehrfach photographiert und genauestens studiert wurde die Erscheinung einer weiblichen Person, die sich »Silver Belle« nannte und begreiflicherweise überall großes Aufsehen erregte.

Die Reihe derartiger Beispiele ließe sich endlos fortsetzen. Ich möchte auf Werner Kellers Buch »Was gestern noch als Wunder galt« verweisen.

Keller bezeichnet in seinem, durch seine Sachlichkeit bestechenden Buch die Erscheinung als »Materialisationen«, was seiner Definition nach »angebliche Bildungen von Körperteilen beziehungsweise ganzen Gestalten, auch das Sichtbarwerden von feinstofflichen Gebilden bei Medien und Spukphänomenen« sind. Ich bin da anderer Ansicht. Die Erscheinungen »entstehen« nicht, sie werden nicht erst Materie, sie waren schon in einer anderen Dimension existent, nämlich in der vierten. Diese Wesen gelangten aus ihrer in unsere Welt. Genauer gesagt: Sie berührten die dritte Dimension! Sie kamen in Kontakt mit unserer Welt.

Wir sehen also immer nur einen Teil dieser Einheiten, nämlich die Berührungspunkte ihrer Körper mit unserer dreidimensionalen Welt!

2.7. Woher kommen die Vierdimensionalen? Wer sind sie?

Sie kamen aus einer höheren Dimension, die die unsere überlagert. Wenn man den Bekundungen der Wesen aus dieser anderen Welt glauben darf, dann kommen sie aus dem Reich der Toten.

Ich stelle daher folgende These auf:

Nach dem Ableben, nach dem Eintreten des Todes, verläßt ein Bestandteil den Menschen, den wir Seele zu nennen gelernt haben, die Wesenseinheit »Mensch« und »fällt« in die vierte Dimension. Dort spielt für die Toten die Zeit keine Rolle mehr, ja, die Toten können in der Zeit reisen, zu beliebigen Zeiten wiederauftauchen.

Viele der erschienenen, von Medien herbeigerufenen Wesen stammten auch aus ganz anderen Zeitepochen.

2.8. Unterscheidung von Erscheinungen

Folgende Beobachtung möchte ich festhalten: Grundsätzlich sind zwei Erscheinungsarten zu unterscheiden: körperliche und nichtkörperliche.

Häufiger als körperliche Erscheinungen sind akustische beobachtet worden. Auch hierzu ließe sich eine große Zahl von Beispielen anführen, ich will mich aber auf eine kleine Auswahl beschränken. Jedes Beispiel ist bestens belegbar und in seiner Art keineswegs einzigartig.

Mit den Töchtern der Familie Fox, Kate und Margaretta, traten »Geister« von Verstorbenen in Verbindung. Die erste Kontaktaufnahme geschah, so die Eltern, am 31. März 1848. Der »Geist« teilte den beiden Mädchen mit, er sei in seinem früheren Leben Kaufmann gewesen und leider heimtückisch ermordet worden. Weiter bat der »Geist«, man möge doch im Keller nach seinen Gebeinen graben, was auch mit Erfolg geschah.

Von ihrem achten Lebensjahr an stand Mrs. Leonore E. Piper in Verbindung mit den Seelen Verstorbener. 1884 war sie in Behandlung bei dem blinden Hellseher Cocke, der auch, das nebenbei, als Psychotherapeut Erfolge erzielte.

In seiner Praxis nahm der verstorbene Sohn eines Arztes, Dr. Frost aus Cambridge, mit dem begabten Medium Verbindung auf. Der Sohn des Arztes war schon vor längerer Zeit gestorben und hatte nun einige Botschaften für seinen Vater, die er Mrs. Piper diktierte. Das gleiche Medium erhielt über längere Zeit hinweg Informationen von dem Geist eines Dr. Phinuit, die stets zutrafen. Oft wurden Fakten enthüllt, die durch »normale« Nachforschungen niemals hätten ermittelt werden können.

Besonders rege meldete sich ein durch einen Reitunfall ums Leben gekommener George Pellew. Mrs. Piper stellte sich auch für Versuche zur Verfügung: 30 Menschen, die Pellew gekannt hatte, suchte das Medium aus 150 Personen heraus.

Eusapia Paladino, 1854 in dem Nest Minervino Murge in Apulien geboren, gelang es, die Geister zu veranlassen, sich akustisch zu melden.

Ein weibliches Medium mit Pseudonym »Willett« ließ ihre Hand von »Geistern« lenken und schrieb automatisch, was ihr diktiert wurde: aus einer anderen Dimension.

1909 notierte sie, was ihr der 1901 verstorbene Wissenschaftler Friedrich Wilhelm Heinrich Myers »befahl«.

Von großem Interesse für mich sind Hinweise, die darauf schließen lassen, daß Verstorbene in ihrem »Reich« in der Zeit reisen können.

Um 1820 verfaßte die Nonne Anna Katharina Emmerich mehrere Bücher: in Trance. Nach ihrer Aussage lenkten »Geister« ihre Hand. Ihr Thema: Das Leben zur Zeit Jesu.

Dabei erwies es sich, daß die historischen Details offenbar exakt waren und stimmten! Das Medium James vollendete 1873 die meisterhafte Erzählung »Das Geheimnis des Edwin Dood« von Charles Dickens so brillant, daß Wissenschaftler keinen Unterschied zwischen dem Ende der Story (und das stammte von James) und dem Anfang von Dickens feststellen konnten!

Die in Estland geborene Russin Kryschanowskaja-Rochester erhielt von einem Inder Berichte über rituelle Handlungen von ägyptischen Priestern. Wissenschaftler lobten ihre Ausführungen sehr: Sie entsprächen nicht nur dem neuesten Stand der Wissenschaften, sondern würden in vielen Punkten darüber hinausgehen!

Teilweise schrieb sie ihre Romane, im ganzen schuf sie über vierzig, in bestem, fehlerfreiem Französisch, obwohl sie die Sprache nachweislich nur gebrochen beherrschte.

Besonders Ende des neunzehnten Jahrhunderts tauchten immer wieder von »Geistern« verstorbener Menschen »diktierte« Werke auf: John B. Newborough, 1818, William Blake, Oscar Wilde . . . Viele dieser Werke sind erst heute durch Wissenschaftler als wahre Meisterwerke erkannt worden!

Kapitel 21
Welche physikalischen Eigenschaften sind von einem vierdimensionalen Raumschiff zu erwarten?

Die Möglichkeit einer vierten Dimension scheint also durchaus gegeben.

Werden wir irgendeinmal in der Zukunft lernen, die vierte Dimension zu verstehen und zu beherrschen?

Die »Abkürzung« über die vierte Dimension könnte interstellare Raumfahrt ermöglichen!

Reisen wären in die Unendlichkeit des Alls ohne die bei sehr hohen Geschwindigkeiten im Bereich der Fastlichtgeschwindigkeit auftretenden horrenden Zeitverschiebungen möglich.

Kamen vielleicht die Astronauten der Vorzeit aus der vierten Dimension? Wenn ja, warum kommen sie dann heute nicht mehr in die Gegenwart? Handelt es sich bei den UFOs um Weltraumfahrzeuge, die aus der vierten Dimension kommen? Gibt es Indizien, die dafür sprechen?

Um diese Fragen beantworten zu können, müssen wir zunächst Überlegungen darüber anstellen, welche physikalischen Eigenschaften wir von vierdimensionalen Raumfahrzeugen zu erwarten hätten.

Wieder hilft ein Vergleich mit der zweidimensionalen Welt:

Wenn ich, ein Dreidimensionaler, eine zweidimensionale Welt mit einer Fingerspitze berühre, meine Hand von der Fläche wegnehme und die zweidimensionale Welt an einem anderen Punkt erneut berühre, dann widerspräche wohl dieser Vorgang den physikalischen Gesetzen der zweidimensionalen Welt, da beim ersten Berühren ja die Berührungsfläche zwischen meiner Fingerspitze und der zweidimensionalen Welt plötzlich erscheinen, dann verschwinden und an einem ganz anderen Ort wiederauftauchen würde! Und auf unsere Welt übertragen ...? Es würde also ein Objekt plötzlich sichtbar werden, würde dann ebenso plötzlich wieder verschwinden, um dann erneut an einem anderen Ort wiederaufzutauchen!

Dieser Vorgang widerspräche zwar unseren Gesetzen – den Gesetzen der dreidimensionalen Welt –, aber nicht denen der vierten Dimension!

Ein Vierdimensionaler könnte über die vierte Dimension unsere Welt betreten, sie verlassen und an einem anderen Punkt wieder betreten.

Doch zurück zu unserer zweidimensionalen Modellwelt: Ich könnte mit dem Zeigefinger die zweidimensionale Welt berühren und auf der Flächenwelt hin und her fahren. Dabei könnte ich die verrücktesten »Manöver ausführen«, könnte Zickzacklinien, Spiralen, Kreise, Zacken usw. auf die Flächenwelt »zeichnen«.

Auf unsere Welt übertragen bedeutet das: Bewegungsvorgänge, die für ein vierdimensionales Raumschiff durchaus normal sind, können sehr wohl für einen dreidimensionalen Beobachter total verrückt, den physikalischen Gesetzen widersprechend sein!

Wir sehen ja nicht das ganze vierdimensionale Raumschiff, sondern nur Teile davon. Sichtbar werden die Überschneidungen zwischen der vierten und der dritten Dimension.

Und ganz ähnliche Beobachtungen machten die Wissenschaftler des Projektes »Blaubuch«, die jahrelang sogenannte UFO-Phänomene, die Tausende gesehen haben, überprüften. Demnach erschienen oft merkwürdige Gegenstände am Himmel, die gewagte Manöver durchführten, die zum Teil so extrem waren, daß sie einerseits gegen die uns bekannten Naturgesetze verstießen, andererseits, nach unseren – dreidimensionalen – Kriterien beurteilt, kein Leben tragen konnten.

Handelte es sich bei den Objekten um Raumschiffe, die aus der vierten Dimension kamen?

2. Merkwürdige UFO-Sichtungen

Am 10. August 1971 wurden vom deutschen Urlauber W. G. dreimal UFOs gesichtet, nämlich um 9 Uhr 40, um 13 Uhr und um 18 Uhr – und zwar in Südengland über dem Örtchen Margate. Jahre später, nämlich am 8. Januar 1974, sichtete W. G. am gleichen Ort erneut ein Fliegendes Objekt: Von 11 Uhr 55 bis 12 Uhr 02 flog es von Ost nach West.

Herr W. G. sagte mir:

»Das Seltsame an den Sichtungen war, daß in beiden Fällen das Objekt nicht angeflogen kam, sondern eben plötzlich da war und plötzlich wieder verschwand. Alle Sichtungen erfolgten so:

1. Das Objekt tauchte aus dem Nichts auf.
2. Es wurde größer, wobei es eigentlich nicht näher zu kommen schien.
3. In leichten Wellenbewegungen schwebte es fast parallel zum Horizont.
4. Dann verschwand es wieder.

Frage: »Können Sie den Vorgang des Verschwindens bitte etwas genauer beschreiben?«

W.G.: »Gern: Kurz bevor das Objekt verschwand, ge-

schah etwas Merkwürdiges! Es änderte seine Farbe. Vorher war es dunkelschwarz, plötzlich änderte es seine Farbe ins Grauähnliche hinein! Dabei wurde das Objekt größer, kam aber nicht näher, es schien sich aufzublähen. Dabei schien es in einen anderen physikalischen Zustand überzugehen, seine Konturen wurden unscharf, wie . . . wie feuchte schwarzgraue Farbe auf einem feuchten Papier verschwimmt.
Igitt, es sah irgendwie ekelig aus, glitschig, aalglatt, möchte ich sagen, wie wenn . . . ich weiß, der Vergleich mutet komisch an, wie wenn ein nasser, schwarzer Schwamm auf eine Glasscheibe gedrückt wird und man sieht nur das Objekt von der Glasscheibe aus her, also die Fläche, an der sich Glasscheibe und Schwamm berühren! Dieser Vergleich drängt sich mir auf, obgleich ich weiß, daß das verrückt anmutet.«

Frage: »Herr W.G., diese Beobachtung machten Sie in allen Fällen?«

W. G.: »Ja, ganz genau!«

Frage: »Herr W.G.! Ich muß nochmals fragen! Diese merkwürdige Beobachtung kurz vor dem Verschwinden des Objektes . . .«

W. G.: ». . . hatte ich in allen Fällen! Bei allen Beobachtungen, es waren ja vier, geschah kurz vor dem Verschwinden dieses Aufquellen. Und eigentlich jedesmal hatte ich den Eindruck, als ob da etwas, wie soll ich sagen . . ., als ob das Objekt gegen eine Scheibe, eine unsichtbare Scheibe gequetscht würde . . . und ich sah den gequetschten Teil, sozusagen die Kontaktfläche von Objekt und unsichtbarer Scheibe.

Kapitel 22
Götter und Riesen im Altertum

von Walter-J. Langbein und Willi Dünnenberger

Durch die gesamte Mythenwelt geistern Riesen, die vor Urzeiten auf unserem Planeten gewirkt haben sollen. Dabei wird in den Überlieferungen hartnäckig versichert, diese Riesen seien Abkömmlinge der Götter. Einige Beispiele mögen dies belegen:

a) ». . . als die Gottessöhne zu den Töchtern der Menschen sich gesellten und diese ihnen Kinder gebaren, waren die Riesen auf Erden. Das sind die Recken der Urzeit, die hochberühmten.« (Mose 1/6,4)[1] (Fußnoten S. 225).
b) »Sage den Wächtern des Himmels . . ., warum habt Ihr den hohen, heiligen Himmel verlassen, bei den Weibern geschlafen, Euch mit Menschentöchtern verunreinigt, Euch Weiber genommen und wie die Erdenkinder getan und Riesensöhne gezeugt?«[2]
c) »Jene Töchter Cains aber, mit denen sich die Engel vergangen hatten, wurden schwanger, konnten aber nicht gebären und starben. Und von denen in ihrem Leib starben einige, und andere kamen heraus; indem sie den Leib der Mutter spalteten, kamen sie am Nabel heraus. Als sie dann älter wurden und aufwuchsen, wurden sie Riesen.«[3]
d) In der griechischen Mythologie hielt der Riese Polyphemos den Odysseus und seine zwölf Gefährten in einer Höhle gefangen. Polyphemos war der einäugige Sohn des Gottes Poseidon.[4]
e) Auf der ersten Tafel des alt-sumerischen Gilgamesch-

epos wird behauptet, Gilgamesch sei nur zu einem Drittel Mensch und zu zwei Dritteln hingegen Gott gewesen. Gilgamesch war ein Riese. Er soll eine Größe von elf Ellen (ca. 5,5 Meter) und eine Breite von neun Spannen (ca. 2 Meter) gehabt haben.[5]

f) Bei den Azteken werden die Riesen in der sogenannten zweiten Weltperiode erwähnt: ». . . In diesem Zeitalter lebten Riesen, die Alten erzählten von ihrer Vergangenheit . . . Tezcatlipoca machte sich Kraft seiner Göttlichkeit selbst zur Sonne, und alle übrigen Götter erschufen Riesen, das waren Menschen von solcher Größe und Kraft, daß sie Bäume mit den Händen entwurzelten.«[6]

g) Die ausführlichste Beschreibung über die Entstehung der Riesen ist im Buch »Henoch« nachzulesen. Unter der Überschrift »Der Fall der Engel und ihre endgültige Abstrafung« ist dort nachzulesen: ». . . Nachdem die Menschenkinder sich gemehrt hatten, wurden ihnen in jenen Tagen schöne und liebliche Töchter geboren. Als aber die Engel, die Himmelssöhne, sie sahen, gelüstete es sie nach ihnen und sie sprachen untereinander: ›Wohlan, wir wollen uns Weiber unter den Menschentöchtern wählen und uns Kinder zeugen.‹ Semjasa aber, ihr Oberster, sprach zu ihnen: ›Ich fürchte, ihr werdet wohl diese Tat nicht ausführen wollen, so daß ich alleine eine große Sünde zu büßen haben werde.‹ Da antworteten ihm alle und sprachen: ›Wir wollen alle einen Eid schwören und durch Verwünschungen uns untereinander verpflichten, diesen Plan nicht aufzugeben, sondern dieses beabsichtigte Werk auszuführen.‹ Da schworen alle zusammen und verpflichteten sich untereinander durch Verwünschungen. Es waren ihrer im ganzen 200, die in den Tagen Jareds auf den Gipfel des Berges Hermon herabstiegen ... Dies sind die Namen ihrer Anführer: Semjasa, ihr Oberster, Arakib, Arameel, Akibeel, Tamiel, Ramuel, Danel, Ezequel, Saraqujal, Asael, Armers, Batraal, Anani, Zaquebe, Samsaveel, Sartael, Turel, Jomael, Arasjal. Diese und alle übrigen nahmen sich Weiber, jeder von ihnen wählte sich eine aus, und sie begannen zu ihnen hineinzugehen und sich an ihnen zu verunreinigen. Sie lehrten sie Zaubermittel, Beschwörungsformeln und das Schneiden von Wurzeln und offenbarten ihnen die heilkräftigen Pflanzen. Sie wurden aber schwanger und gebaren 3000 Ellen lange Riesen.«[2]

Das Zitat ist aufschlußreich. Offenbar war es den »Himmelssöhnen« (Extraterrestriern) verboten, sich mit den Irdischen einzulassen. Eine ganze Mannschaft von 200 Leuten widersetzte sich diesem Kommando und vereinbarte in einer geheimen, trotzigen Absprache, das Verbot zu brechen und die Konsequenzen gemeinsam zu tragen. Das Henoch-Zitat belegt ferner, daß die »Himmelssöhne« den damaligen Menschen eindeutig überlegen waren. Die »gefallenen Engel« werden zu Lehrmeistern der Irdischen. Völlig unglaubwürdig hingegen ist die Behauptung, die Riesen seien »3000 Ellen lang« geworden. Hier muß wohl ein späterer Textbearbeiter erschrocken zwei Nullen hinzugefügt haben.

Aus der ungleichen Paarung wurden Riesen. Damit diese Saat überhaupt aufging, muß die Chromosomenzahl der Außerirdischen mit derjenigen der Erdenmädchen übereingestimmt haben. Man kann daraus zwei Schlüsse ziehen.

1. Es muß bereits vor dem von Henoch geschilderten Besuch eine außerirdische Visite stattgefunden haben.

Bei jenem (ersten?) Besuch müssen die Fremden durch eine gezielte, künstliche Mutation den primitiven Hominiden angepaßt haben. Eine derartige, genetische Manipulation ist durchaus machbar.

2. Die Chromosomenzahl der Extraterrestrier und der Irdischen muß von Anfang an übereingestimmt haben. Für dieses »Wunder« bieten sich zwei Erklärungsmöglichkeiten an: Der genetische Code für »Intelligenz« läßt bei gleichen, prä-biotischen Bedingungen immer nur dieselbe Chromosomenzahl zu (eine reife Eizelle hat 22 Autosomen plus ein X- oder Y-Chromosom: zwei mal 22 = 44 Autosomen + 2 Geschlechtschromosomen = 46 Chromosomen in jeder Körperzelle. Ein Autosom ist ein Chromosom, das im Unterschied zu den Geschlechtschromosomen in den einander entsprechenden Zellen beider Geschlechter paarweise vorkommt.) Zweite Variante: Die Extraterrestrier waren keine eigentlichen Außerirdischen, sondern stammten aus unserer eigenen, irdischen Vergangenheit.

Nachdem Riesen als Götterabkömmlinge in der Mythologie sehr zahlreich dokumentiert sind, erhebt sich die Frage: Gab es sie wirklich? Waren es nur Ausgeburten erzählerischer Phantasie? Haben Riesen leibhaftig unter unseren Vorfahren gewütet? Wer hat recht? Die Mythologie oder die heutige Anthropologie, die sich schwer daran tut, vorgeschichtliche Riesen in ihr Denken mit einzubeziehen? Eine Ausnahme macht hier Dr. Louis Burkhalter, ehemaliger Delegierter der französischen Prähistorischen Gesellschaft, der bereits 1950 in einem Aufsatz in der »Revue du Musée de Beyrouth« bekanntgab:

»Wir wollen doch klarstellen, daß die Existenz von riesenhaften Menschenrassen in der Acheuléenepoche (Kulturstufe der Altsteinzeit, die die größte Spanne des Eiszeitalters ausfüllte) als eine wissenschaftlich gesicherte Tatsache betrachtet werden muß.«[7]

Diese Behauptung kann durch die harten Spuren, welche die Riesen auf allen Kontinenten zurückließen, bewiesen werden. Nachfolgende Beispiele sind bewußt aus diversen geographischen Standorten gewählt.

1. Nordamerika
Im Flußbett des Paluxy-Rivers bei Glen Rose (Texas/USA) wurden Riesenfußabdrücke mit einer Länge von 54,61 cm und einer Breite zwischen 13,97 cm und 20,32 cm freigelegt. Kurioserweise liegen die Abdrücke inmitten von Dinosaurierspuren in einer geologischen Schicht von ca. 140 Millionen Jahren.[8]

2. Australien
Dr. Rex Gilroy, Direktor des Mount York Natural History Museums, fand in der Nähe der Stadt Bathurst, N.S.W., westlich der Blue Mountains ebenfalls Fußabdrücke von Riesen, die 60 cm lang und 18 cm breit sind. Außerdem stieß er auf überdimensionale, vorgeschichtliche Werkzeuge wie Keulen, Handbeile, Messer, etc. Er fand auch eine riesige Wirbelsäule sowie einen großen Backenzahn von 5,8 cm Länge. Die noch heute dort ansässigen Ureinwohner besingen in ihren folkloristischen Liedern Giganten.[9]

3. Asien
Wissenschaftlich anerkannte Funde sind der »Riese von Java« und der »Riese von Südchina«.[7]

4. Naher Orient

In Syrien, 6 km von Safita entfernt, entdeckten Archäologen riesige Faustkeile mit einem Gewicht von 3,8 kg.[7]

5. Afrika

In Ain Fritissa (Ostmarokko) fand man Faustkeile mit den Maßen 32 cm lang, 22 cm breit und 4,2 kg schwer.[7]

In Chenini (Tunesien) liegt ein Friedhof mit Gräbern von Riesen, deren Skelette mehr als drei Meter lang sind.[10]

Der deutsche Anthropologe Larson Kohl fand 1936 am Ufer des Elyasi-Sees in Zentralafrika Knochen von riesenhaften Menschen.[11]

Wissenschaftlich beglaubigt ist auch der »Riese von Transvaal«.[7]

6. Malta

In seinem Buch »Gozo antico e moderno, sacro e profano« beschreibt Can. Gianfrancisco Agius de Soldanis Funde von Riesenskeletten, die er bereits in den ersten 50 Jahren des 18. Jahrhunderts gemacht hatte. Er behauptet, daß die ersten Bewohner Maltas – vor den Phöniziern – eine Rasse von Riesen waren.

Auf der Insel Gozo, die zu Malta gehört, steht seit Jahrtausenden der neolithische Tempel »Il – Gigantija«. Das Wort bedeutet »Riesentempel«, und gemäß der lokalen Überlieferung soll er von Riesen erbaut worden sein.

Nun wimmelt es weltweit von rätselhaften, megalithischen Bauten, bei denen man Mühe hat, sie gewöhnlichen Menschen unterzuschieben. Wir denken etwa an die Tausende von Monolithen, welche in Reih und Glied bei Carnac in der Bretagne stehen, an die »hängenden Steine« bei Stonehenge (England), an »Hadschar El Guble«, den »Stein des Südens« im Libanon, der zwei Millionen Kilo wiegt und mit üblicher Menschenkraft sicherlich nicht bewegt werden konnte. Diese und andere megalithischen Bauwerke werden verständlich, wenn Riesen ins Denkschema mit einbezogen werden.

Unsere prä-historischen Vorfahren hinterließen uns nicht nur mythologische Erzählungen über Entstehung und Existenz der Riesen, sie waren so gescheit, diese Riesen auch im Bilde festzuhalten. Im Grand Canyon (Arizona/USA), oberhalb des Wüstenkaffes Tuba City, sind diverse Riesen in den Fels eingeschnitzt worden. Die Felsritzungen liegen derart hoch über dem Boden, daß der Paläontologe Dr. Gilmore die Vermutung äußerte, die Zeichnungen seien von Riesen selbst angelegt worden. Direkt neben den Riesen sind Dinosaurierzeichnungen im Fels verewigt. Dazu Dr. Gilmore: »Die Tatsache, daß irgendwelche prä-historischen Menschen Felsritzungen von Dinosauriern an die Wände dieses Canyons eingruben, widerspricht unseren sämtlichen Theorien über das Alter des Menschen. Tatsachen sind unverrückbare Pfeiler. Wenn Theorien nicht mit den Tatsachen übereinstimmen, müssen die Theorien geändert werden – die Tatsachen bleiben.«[12]

In Südengland, beim Dorfe Cerne Abbas in Dorsetshire steht seit Jahrtausenden ein 55 Meter hoher Riese. Er ist in simpler Weise in einen Kreidehügel »eingraviert« worden: Die prä-historischen Künstler trugen Gras und Erde so weit vom Hügel ab, bis die weiße Kreideschicht zum Vorschein trat. Für den Riesen von Cerne Abbas sind nach neuesten Berechnungen 25 Tonnen Rasenziegel entfernt worden. Die angesehene Neue Zürcher Zeitung vermerkt dazu: »Der Riese von Cerne Abbas ist bis heute ein Rätsel, das kühne Spekulationen, aber keine einzige beweisbare Lösung herausgefordert hat. Der Archäologe Stuart Piggott, eine Autorität, stellt ihn in den Zusammenhang des Herkuleskultes, der unter Kaiser Commodus im zweiten nachchristlichen Jahrhundert sich auch in Britannien ausbreitete ... Der Hügel mit dem Riesen liegt in einer Gegend voll von jungsteinzeitlichen, bronzezeitlichen und eisenzeitlichen Überresten. Als Voraussetzung für die Entstehung der Figur läßt sich daher leicht ein einheimischer Fruchtbarkeitskult schon lange vor der römischen Invasion Britanniens denken.«[13]

Nachdem Riesen und ihre Hinterlassenschaften aufgrund von Indizien recht gut dokumentiert werden können, erhebt sich die Frage: Wo sind sie geblieben? Weshalb gibt es keine Riesen mehr? Da sie doch körperlich robuster und zudem intelligenter als die damaligen Menschen waren, hätte das Geschlecht der Riesen nicht die ganze Erde mit seinen Nachkommen überziehen sollen? Heute, im Jahre des Heils 1995, gibt es keine Riesen mehr, sofern man von vereinzelt großgewachsenen Menschen absieht, die da und dort im Zirkus die Rolle von Riesen übernehmen.

Gemäß den Überlieferungen waren die Riesen unerwünschte Abkömmlinge der »Himmlischen«. Die Mythologien sprechen ausschließlich von männlichen Riesen, Riesenweibchen sind nicht erwähnt. Dies bedeutet nicht zwingend, daß keine Mädchen geboren wurden, doch gewinnt man aus der alten Literatur den Eindruck, als wären Riesenmädchen – soweit vorhanden – eine beängstigende Minderheit gewesen. Solche genetischen Defekte an einer Rasse sind nichts Außergewöhnliches. Am Amazonas gibt es Indianerstämme, bei welchen seit Generationen auf 100 Mädchen nur ein einziger Knabe geboren wird. Diese Stämme frischen ihr Blut durch Überfälle auf Nachbarstämme auf. Dabei werden Jünglinge und Männer in der Hoffnung verschleppt, das Verhältnis von Männlein und Weiblein würde sich ausgleichen. Selbst in unseren zivilisierten Breiten herrscht heute noch ein Mädchenüberschuß im Verhältnis von 3:1. (Drei Mädchen auf einen Knaben.)

Die Riesen der Steinzeit standen vor einem unlösbaren Problem. Für den Begattungsakt mußten sie Frauen normalgewachsener Menschen angeln. Es wurde zur Frauenjagd geblasen. Die Menschen wehrten sich verständlicherweise vehement gegen diese Vergewaltigungen. Einmal, weil sie wußten, daß die schwangeren Frauen bei der Geburt der Riesenbabys sterben, und zum anderen, weil die Männer aus verständlichen Gründen sich für ihre Geliebten und Mütter zur Wehr setzten. Von einem Vergewaltigungsakt berichtet eine von N. S. Kramer übersetzte Keilschrift aus Nippur: ». . . Meine Vagina ist zu klein, sie versteht den Beischlaf nicht. Meine Lippen sind zu klein, sie verstehen nicht zu küssen . . .«[14]

Im äthiopischen Nationalepos Kebra Nagest ist festgehalten, daß die Frauen bei der Geburt der Riesensöhne umkamen.

Doch nicht nur die Menschen scheinen zum Untergang der Riesen beigetragen zu haben, aus den Überlieferungen gewinnt man den Eindruck, als haben die »Götter« selbst bei der Vernichtung der illegalen Brut mitgewirkt.

Die Azteken berichten: »Im trüben Dämmerlicht irrten hungernde Riesen umher. Sobald die Menschen mit ihnen zusammentrafen, kam es zu verzweifelten Kämpfen. Aber die Himmelsjaguare fraßen die Riesen; sie stießen aus dem dämmerigen Himmel nieder und vernichteten sie.«[6]

Henoch, der vorsintflutliche Prophet, welcher die damaligen Ereignisse am präzisesten festgehalten hat, weiß sogar, daß die Menschen ihren Streit mit den Riesen vor

»den Höchsten« brachten: »Die Menschen fordern, daß ihr Streit mit den Riesen vor ›den Höchsten‹ gebracht wird, was auch geschieht. Da sprachen die Erzengel zum Herrn: ›Semjasa . . . und seine Genossen . . . sind zu den Menschentöchtern auf die Erde gegangen, haben bei ihnen geschlafen und mit den Weibern sich verunreinigt und haben ihnen alle Sünden offenbart. Die Weiber aber gebaren Riesen, und dadurch wurde die ganze Erde von Blut und Ungerechtigkeit voll . . .‹ Darauf sprach der Höchste: ›. . . die ganze Erde wird untergehen, und eine Wasserflut ist im Begriff, über die ganze Erde zu kommen, und alles auf ihr Befindliche wird untergehen. Belehre ihn (an Lamech, einen Vorfahren Noahs gewandt), damit er entrinne und seine Nachkommenschaft für alle Geschlechter der Erde erhalten bleibe.‹«[2]

Glaubt man diesen Überlieferungen des Propheten Henoch, so wäre die biblische Sintflut eine künstlich herbeigeführte Naturkatastrophe gewesen, um die Riesen und ihren Anhang zu vernichten. Die Riesen müssen sich zu jenen Zeiten schon recht weit über den Globus ausgebreitet haben, und »dem Höchsten« standen offensichtlich keine differenzierten Mittel zur Verfügung, nur und ausschließlich Riesen auszurotten. Die Menschen wurden mit vernichtet. Diese Ungerechtigkeit des »Höchsten« kommt auch im sumerischen Gilgameschepos zur Sprache:

»Sechs Tage und sechs Nächte rauschte der Regen nieder wie Wasserbäche. Am siebenten Tag ließ die Sturmflut nach; es war eine Stille wie nach der Schlacht . . . alle Menschen waren zu Schlamm geworden. Ein ödes Einerlei war der Boden der Erde . . . ich setzte mich hin und weinte, ich weinte, und meine Tränen strömten herab über mein Angesicht. Ich blickte hin auf die weiten Wasseröden. Laut schrie ich, daß alle Menschen umgekommen waren ...« Nachdem sich die Götter über der Arche mit den Überlebenden »wie Fliegen« versammelt hatten, machte Ea, der Wassergott, dem »Höchsten« folgenden Vorwurf: »Du Herrschergott, du gewaltiger, wie konntest du nur so unbedacht die Sturmflut erregen? Den, der Sünde tut, lasse seine Sünden tragen! Den, der Frevel verübt, lasse seinen Frevel büßen! Doch siehe zu, daß nicht alle vernichtet werden; die Bösen strafe, daß du nicht alle vertilgest!«[15]

Lapidar und präzise zugleich hält Baruch das Ende der Riesen fest:

»Es brachte der Höchste die Sintflut auf die Erde und tilgte alles Fleisch und auch die 4090000 Riesen. Das Wasser stand um 15 Ellen höher, als je die höchsten Berge waren.«[16]

Kapitel 23
Die Sache mit den Urtexten

Seit vielen Jahren beschäftige ich mich intensiv mit der Prä-Astronautik, bereise die Welt, stets auf der Suche nach Spuren, die die Astronautengötter hinterlassen haben. Nicht minder interessante Hinweise auf die Besuche der Astronautengötter finden sich in heiligen Büchern, nicht zuletzt in der Bibel, speziell im Alten Testament. Leider sind diese biblischen Spuren in modernen Übertragungen des biblischen Textes oft schwer zu erkennen.

Ein Beispiel sei genannt: Übersetzt man 1. Buch Mose Kapitel 4 Vers 25 wortwörtlich, so heißt der Text: »Und sie riefen seinen Namen Schet, Setzling, denn gesetzt haben mir die Elohim fremden Samen für Abel, welchen Kajin erschlug.«

Im Jahre des Herrn 1995 läßt uns das eindeutig an eine künstliche Befruchtung denken.

Wenn ich in Vorträgen auf diesen Sachverhalt hinweise, werden oft Zweifel laut. Ist denn die von mir angebotene Übersetzung korrekt?

Ich würde »meine« Übersetzung keineswegs auch nur anbieten, wenn alle anderen Übersetzer zu völlig anderen Ergebnissen kämen. Dem ist aber nicht so. Meine Übersetzung ist keineswegs einmalig. Laut der »Bibel nach der deutschen Übersetzung Martin Luthers, neu durchgesehen nach dem vom Deutschen Evangelischen Kirchenausschuß genehmigten Text« (Stuttgart 1915 in der Privilegierten Württembergischen Bibelanstalt) nannte Eva ihren Sohn »Seth, denn Gott (Elohim!) hat, sprach sie, einen anderen Samen *gesetzt* für Abel, den Kain erwürgt hat.« Wahrscheinlich würde Martin Buber, gewiß einer der renommiertesten Bibelübersetzer überhaupt, meine Deutung ablehnen, doch auch er gibt in »Die Fünf Bücher der Weisung« (wörtliche Übersetzung der 5 Bücher Mose, Hegner, Köln 1954, Seite 19) den »Seth« – wie ich – als Setzling wieder. Paul Henge schließlich schreibt in »Die Bibelkorrektur« (Orac und Pietsch, Wien und Stuttgart 1979, Seite 136): »Seth hat in der hebräischen Sprachtradition die Bedeutung Grundlage oder Fundament, *auch Setzling.*« Meine Version ist nicht die einzig mögliche, aber ebenso fundiert und nachvollziehbar wie jede andere. Das gilt auch für die Wagenbeschreibungen Hesekiels. Mir erscheint aber die technische, von NASA-Ing. Josef Blumrich abgedeckte Version einleuchtender als die theologische: Blumrich konstruierte ja Hesekiels Raumschiff nach, erhielt für Hesekiels Rädertexte, die er in technische Sprache umsetzte, ein Patent. Hesekiel war, wie sich zeigen wird, auch keineswegs der einzige Zeuge. Doch keiner beschrieb die biblischen Raumschiffe so präzise wie Hesekiel, aufgrund dessen Textes NASA-Ing. Blumrich zu präzisen Angaben kommt. Demnach betrug der Durchmesser des Hauptkörpers 18 m, die Rotorenantriebsleistung 70 000 PS, der Durchmesser der Rotoren 18 m, der spezifische Impuls 2080 sec., das Konstruktionsgewicht 63 300 kg, das Gewicht des Treibstoffs für den Rückflug: 36 700 kg.

1. Bibel – Götter – Astronauten

Autoren der Prä-Astronautik wie Däniken, Krassa (Gott kam von den Sternen), Blumrich (Da tat sich der Himmel auf) und Charroux verwenden in ihren Büchern oft Bibelzitate als Indizien für vorzeitliche Götterbesuche. Das Alte Testament, die Apokryphen (Buch Henoch, 4. Besuch Esra) und Pseudepigraphen (Psalmen, Makkabäerbuch) werden als Quellen herangezogen. In Gerhard Steinhäusers Buch »Jesus Christus – Erbe der Astronauten« müssen selbst die Evangelien des Neuen Testaments als Belegstelle für Astronautenbesuche herhalten.

Von theologischer Seite wird diesen Autoren vorgeworfen, sie würden ihre Textauszüge willkürlich wählen und dadurch das Gesamtbild der jeweiligen »heiligen« Schrift total verändern. Man dürfe heilige Texte nicht technisch, sondern nur theologisch interpretieren. Und die Bibel sei Gottes Wort. Wirklich?

Die »heiligen Schriften« werden grob in zwei Abteilungen unterteilt:

a) die »kanonisierten« Schriften
b) die »nichtkanonisierten« Schriften.

Unter »kanonisierten« Schriften wird allgemein das verstanden, was heute jedermann in der Bibel nachlesen kann – die Bücher Moses, die Bücher der Propheten, die Königsbücher, die Psalmen etc. sowie im Neuen Testament die vier Evangelien, die Apostelbriefe und die Apokalypse. Alles andere segelt unter »nichtkanonisiert«, also auch das Buch Henoch, die Bücher Esra, die Himmelfahrt Mose etc.

Auf den ersten nachchristlichen Konzilien wurde beschlossen, was in der Bibel zu stehen habe und was nicht. Was den Horizont der damaligen Geistlichkeit überschritt (und Spötter behaupten, der soll damals nicht so besonders hoch gewesen sein, woran sich, wie böse Zungen meinen, nicht viel geändert haben soll), wurde nicht kanonisiert, nicht in die Bibel aufgenommen. In Wahrheit sind die nichtkanonisierten Texte genauso heilig oder nicht wie die kanonisierten.

Die jüdische Tradition geht davon aus, daß bereits um 500 vor Chr. der Prophet Esra 120 Schreiberlinge zusammenrief, damit diese den Text des Alten Testaments zusammenbasteln konnten.

Wir wissen heute, daß die 39 Schriften unseres Alten Testaments das Ergebnis einer lang währenden Entwicklung sind.

Schon im Judentum wurden nicht alle Schriften im Gottesdienst verwendet, geschweige denn überhaupt verstanden, was einige, der Nachsicht der Vergessenheit anheimgefallene Autoren auf den Plan rief, die alsbald mit ihrem üblen Treiben begannen. Sie versuchten, bestimmte Texte ab- beziehungsweise aufzuwerten.

Was den theologischen Manipulatoren in den Kram paßte, kam in den Kanon, was mit ihrer Meinung nicht übereinstimmte und was sie nicht verstanden, sollte ausgemerzt werden.

In den heute vorliegenden biblischen »Urtexten« wimmelt es von Abertausenden, unschwer nachweisbaren und durchaus bekannten Fehlern.

»Der vielleicht prominenteste Urtext, der Kodex Sinaiticus, enthält nicht weniger als 16000 Abänderungen, die auf sieben verschiedene Korrektoren zurückgehen. Manche Stellen wurden gleich dreimal revidiert, durch einen vierten Urtext ersetzt. Friedrich Delitzsch, Verfasser eines hebräischen Wörterbuches und Fachmann ersten Ranges, stellte allein etwa 300 Abschreibfehler im Urtext fest.

Was die Korrekturen (um das Wort Verfälschungen zu vermeiden) angeht, so schreibt Dr. Robert Kehl, Zürich: Es ist oft genug vorgekommen, daß die gleiche Stelle von einem Korrektor im einen und von einem anderen gerade wieder im entgegengesetzten Sinne korrigiert worden ist, je nachdem, welche dogmatische Auffassung in der betreffenden Schule vertreten worden ist.

Alle Urtexte, die heute vorliegen, sind ausnahmslos Abschriften von Abschriften und diese vermutlich wiederum Abschriften von Abschriften. Keine zwei Kopien stimmen miteinander überein. Über 80 000 Abweichungen wurden gezählt.«

Von Abschrift zu Abschrift wurden die Verse von nachempfindenden Autoren anders gefaßt und nach dem jeweiligen zeitgemäßen Bedarf umfunktioniert. Daß man bei einem solchen Vorgehen nicht von der Bibel als von Gott diktiert ausgehen kann, sollte jedem klar sein.

(Siehe hierzu auch: Erich von Däniken »Erscheinungen«, Düsseldorf, Wien 1974.)

2. Übersetzung der Urtexte – Manipulationen der zweiten Art

Was vor Jahrhunderten dem Zensorstift entgangen ist, fiel nicht selten geschickten Übersetzungskünstlern zum Opfer.

Zwei Beispiele mögen dies belegen:

a) Prophetische Texte

Christliche Theologen waren schon und sind noch immer der Meinung, daß alle Welt auf Christus als den Erlöser wartet. Alttestamentliche Prophetenworte wurden daher umfunktioniert und kündeten von nun an die Erscheinung Christi an. Durch die Erfindung einer grammatikalischen Sonderform (genannt Perfekt konsekutiv) wurde es möglich, eindeutig nicht in die Zukunft weisende Formen in Prophezeiungen zu verwandeln.

»Es ist ein Kind geboren worden« mag ein Urtext lauten – durch Perfekt konsekutiv wird daraus simsalabim: »Es wird ein Kind geboren werden.« Zauberformel perfekt konsekutiv machts möglich, und da lacht des Theologen Herzen.

Prof. Dr. Dr. Fohrer, Erlangen: »Im eigentlichen Sinn bezieht sich die prophetische Botschaft stets auf ihre jeweilige Gegenwart und die konkrete Situation« (»Das Alte Testament – Einführung in die Bibelkunde«).

Übersetzer veränderten biblische Texte. Vorgegebene theologische Meinungen wurden durch »Übersetzungen« bestätigt, situationsbezogene Aussagen – siehe Prof. Dr. Dr. Fohrer – auf künftige Geschehnisse hinmanipuliert. Bösartigkeit will ich niemandem unterstellen. Nur: Theo(un)logische »Lehrmeister« christlichen Geblüts schwangen sich nicht selten zu Dogmatikern auf und verkleisterten Hirne nach dem Motto: Zu glauben ist, was wir meinen, lehren und diktieren. Dogmen führen zum Nachvollzug fremder Thesen, nicht eigener Logik. Dogmen lassen Nachplapperer brillieren, Individuen verstummen, wenn ihr Individualismus das Schafsgeblök dogmatischer Monotonie stört.

»Vorgestrige Hirne werden einhellig immer neue Ideen zerreden, doch die Zeit wird über sie hinweggehen« (Erich von Däniken im Gespräch mit dem Autor).

b) Elohim – »Gott« steht im Plural

Elohim – Götter also – paßten monotheistischen Manipulatoren nicht ins theologische Konzept. Also wurde aus Plural ein Singular, Götter mit Gott übersetzt. Eine vermutlich theologische Wahrheit setzte sich gegenüber den textlichen Tatsachen durch. Ohne Belang ist dabei, daß der Singular »Eloah« erst später entstand. Er wurde aus dem Pluralwort gebildet. Ursprünglich ist nicht der Monotheismus, sondern der Vielgottglaube!

3. Entstand die menschliche Intelligenz durch eine genetische Manipulation?

In sämtlichen Ausgaben des Alten Testaments wird im ersten Buch Mose, Kapitel 4, Vers 25, falsch übersetzt. Dort wird erklärt, weshalb Eva ihren Sohn »Schet«, Setzling, nennt. »Und sie rief seinen Namen Schet, Setzling, denn gesetzt haben mir die Elohim fremden Samen für Abel, welchen Kajin erschlug.« (Siehe Vorbemerkungen.)

Wird hier eine künstliche Befruchtung geschildert? Wie sonst soll ein Mensch unserer Zeit den Begriff »fremden Samen setzen« verstehen? Genesis bedeutet Schöpfung. Nachfolgende Übersetzung aus der Genesis ist im allgemeinen umstritten, nichtsdestotrotz aber korrekt:

»Und die Götter sprachen: Lasset uns den Menschen machen uns zum Ebenbilde, uns ähnlich, damit er herrsche über die Fische im Meer und die Vögel des Himmels, über das Vieh und alles Wild des Feldes und über alles Kriechende, das auf der Erde sich regt. Und die Götter schufen den Menschen nach ihrem Ebenbilde, nach dem Bilde der Götter schufen sie ihn.« (1. Mose 1,26–28)

Ich wiederhole: Im hebräischen Originaltext steht für

»Gott« der Pluralbegriff »Elohim«. Das Tätigkeitswort vor dem Mehrzahlbegriff ist in der Einzahl. »Und die Götter *schuf* die Menschen nach ihrem Ebenbilde.«

Das Tätigkeitswort steht in der Einzahl, was die Übersetzer veranlaßte, den Mehrzahlbegriff Elohim auch in die Einzahl umzuwandeln, in Gott. Ebenso hätte man das Tätigkeitswort im Plural anpassen können: »Die Götter schufen den Menschen . . .«

Der Bibelleser erinnert sich: Eva wurde aus einer Rippe Adams erschaffen. Das sumerische Keilschriftzeichen für »Rippe« lautet »ti«. »Ti« bedeutet aber gleichzeitig »Leben schaffen« oder »Lebenskraft«. Müßte jetzt im Weltraumzeitalter die moderne Bibelübersetzung nicht lauten »Gott nahm von Adams Lebenskraft«?

Die Lebenskraft aber hat ihren Sitz in der Zelle. Und exakt da steht die moderne Molekularbiologie:

Ein Gen ist der Informationsträger der Vererbung. Die Grundinformation liegt aber bereits im DNS-Molekül. Man verändere also die Basenreihenfolge in einem DNS-Molekül und schaffe durch diese gezielte künstliche Mutation ein Gen mit anderen Erbfaktoren. Beispielsweise aus einem dummen Affen ohne Sprachzentrum einen intelligenten, sprechenden Menschen.

Um dieses lebende Produkt zu erhalten, müßte der mutierte Chromosomensatz einem weiblichen Exemplar zur Austragung eingesetzt werden. (Zur Gedächtnisstütze: Die seltsam geformten Substanz-Agglomerate, die wir Chromosomen nennen, sind schließlich nichts anderes als Tausende und Abertausende von Genen.)

Daß es die Götter waren, die den intelligenten Menschen schufen, läßt sich durch unzählige mythologische Beispiele erklären.

Auf der ersten Tafel des altsumerischen Gilgameschepos wird behauptet, Gilgamesch sei nur zu einem Drittel Mensch, zu zwei Dritteln aber Gott gewesen. Wie in der Bibel, soll die trostlose Einsamkeit des Gilgamesch durch einen Gefährten vermindert werden:

»Du, Aruru, schaff nun ein Bild, das dem Gilgamesch gleich sei, ein Wesen, das stark sei wie er, doch nicht nur ein Tier der Wüste!« (Gilgameschepos, 1. Tafel)

Die Götter schufen anschließend Enkidu, den Kampfgefährten von Gilgamesch. Das sumerische Epos hält ausdrücklich fest, daß Enkidu ursprünglich »wie ein Tier« war, »mit den Tieren an der Tränke« weilte und mit dem Getier schlief.

Für den modern denkenden Menschen wird der mythologische Schleier gelüftet: Der intelligente Mensch ist aus dem Tier hervorgegangen, doch erst unter der Mitwirkung der Götter.

Ähnliches wird auch in der altindischen Überlieferung »Nala und Damayanti«, einem Teilstück aus dem Mahabharata, wiedergegeben. Der Mächtigste seiner Zeit, Bhima, hat einen einzigen Wunsch. Er möchte einen Erben und einige zusätzliche Kinder. Davon erfuhr ein Rsi, Vermittler zwischen Göttern und Menschen. Als der Rsi einige Zeit bei dem königlichen Ehepaar weilte, wurde ihm detailliert die Wunschliste vorgesprochen, wie diese zukünftigen Menschen aussehen sollten. Rsi gab diese Informationen an Gott Damana weiter, und dieser ließ drei »Mädchen-« und drei »Knabenperlen« anfertigen. Die Perlen wurden der Königin, der Gefährtin Bhimas, eingegeben, und sie gebar drei Knaben und drei Mädchen, die allesamt die Eigenschaften der seinerzeitigen Wunschliste aufwiesen.

Eine Reihe geradezu klassischer Fälle, aus denen eine gezielte künstliche Mutation zur Erschaffung des intelligenten Menschen herauszulesen ist, schildert Erich von Däniken in seinem Buch »Beweise«. Hinzuweisen ist auf jeden Fall aber auf die Lamechrolle, in welcher klar dargelegt wird, daß Noah unser aller Stammvater, Produkt der »Wächter des Himmels« ist. (»Beweise«, S. 229 ff.)

(»Entstand die menschliche Intelligenz durch eine genetische Manipulation?« wurde zum Teil bereits November 1977 in Ancient Skies veröffentlicht und entstand in Zusammenarbeit mit Erich von Däniken.)

4. Hesekiels Raumschiff

Ich rekapituliere: Wie u. a. im Mahabharata legt auch ein biblischer Text eine genetische Manipulation als Schöpfungsakt nahe. Eine falsche Übersetzung entstellt diesen Tatbestand. Wäre es nun nicht theoretisch möglich, daß es auch eine falsche Bibelübersetzung war, die Josef Blumrichs Konstruktion eines Raumschiffes ermöglichte??? Ja – aber nur theoretisch!

Schon Hesekiel muß sich der Unglaublichkeit seiner Beschreibung bewußt gewesen sein. Deshalb betonte er die Realität der Ereignisse ausdrücklich. Alle wichtigen Verben sind doppelt angeführt.

Hes. 1,3: »da geschah ein Geschehen«

Hes. 1,4: »und ich sah und siehe ...«

Die moderne, wörtliche Übersetzung belegt technische Fakten wie: »und die lebendigen Wesen liefen hin und kehrten um, entsprechend dem Anblick des Wetterleuchtens« (Hes. 1,14).

Oder (Hes. 1,18): »Und die Felgen hatten Schwungmacht. Denen war Fürchterlichkeit! Und die Felgen waren voller Augen ringsum ...«

Was, wenn wir »Wetterleuchten« mit »Blinklicht«, »Lichtzeichen«, »Signallicht«, »Positionslichter«, »Explosionsschein« übersetzen?

Was wird, wenn eine technische Gefahrenquelle, die Hesekiel nicht begreifen konnte, mit »Fürchterlichkeit« umschrieben wurde?

Die Felgen drehten sich mit Schwungmacht. Josef Blumrich schlug Rotoren von Helikoptern vor. Da die »Fürchterlichkeit« eindeutig mit den Felgen und der »Schwungmacht« in Zusammenhang steht, ergibt die theologische Deutung – die Furcht vor Gott – in diesem Zusammenhang keinen Sinn. Oder möchte jemand ernsthaft behaupten, Gott habe Felgen mit Schwungmacht besessen?

Es gibt keinen Zweifel: Hesekiel sah ein Raumschiff ... saw the wheel!, und er war nicht der einzige: André Dupont Sommer schreibt in seiner ausgezeichneten Sammlung »Die Essenischen Schriften vom Toten Meer« (S. 360): »Das Fragment aus Qum Ran ... bringt eine unerwartete Bestätigung, da es nichts anderes darstellt als eine Beschreibung des Gotteswagens; der Kern zu dieser sehr ausführlichen Beschreibung findet sich im Buch Ezechiel (Kap. 1 und 10).«

Gleiches gilt für die Apokalypse des Johannes und die des Abraham. Die Apokalypse des Moses gar bringt Eva und den auf so merkwürdige Weise entstandenen Seth in Verbindung mit dem Himmelsschiff Hesekiels: »Eva stand auf und ging hinaus. Und Eva blickt zum Himmel auf, da sieht sie einen Lichtwagen heranfahren, gezogen von vier glänzenden Adlern. Kein aus dem Mutterleib Geborener kann ihre Herrlichkeit beschreiben ... und Seth stand auf und kam zu seiner Mutter.«

Ähnliche Sichtungen sind beschrieben im äthiopischen

Henochbuch (14,18–23; 61, 10; 71,7–8) und im slawischen Henochbuch (Kap. 9).

5. Henoch

Im Buche Henoch finden sich aber natürlich nicht nur Hinweise auf Hesekiels Himmelswagen. Das Henochsche Werk, erst in der ersten Hälfte des 18. Jahrhunderts im christlichen Abendland bekanntgeworden, ist geradezu ein Kompendium phantastischer Fakten, die wir heute vielleicht erst zum Teil erkennen können. James Bruce brachte drei Exemplare des Buches Henoch nach England, zu Beginn des 18. Jahrhunderts. Professor Richard Laurence fertigte eine erste Übersetzung an. 1851 erschien die deutsche Übersetzung von August Dillmann. Als bestkommentierter Text gilt nach wie vor die Tübinger Ausgabe aus dem Jahr 1900, angefertigt von 17 Fachgelehrten und reichlich kommentiert.

Über Henoch selbst wissen wir wenig. Das Alte Testament läßt vernehmen (Gen. 5,23 und 24): »Insgesamt lebte Henoch 365 Jahre. Henoch wandelte mit Gott, und dann war er nicht mehr; denn Gott hat ihn entrückt.«

Daß im Originaltext Henoch mit den Göttern wandelte und von den Göttern entrückt wurde, wird in dieser Runde niemanden mehr in Erstaunen versetzen. Geheimnisvoll mutet auch der kärgliche Rest an, der von den 108 Kapiteln Henoch in die erlauchte Reihe biblischer Schriften aufgenommen wurde:

»Es begab sich, daß die Menschen auf Erden sich zu vermehren begannen und ihnen Töchter geboren wurden (6,1). Da sahen die Gottessöhne, daß die Töchter der Menschen schön waren, und sie nahmen sich zu Frauen, welche sie mochten (6,2) . . . Zu jenen Zeiten waren Riesen auf Erden, auch noch, als die Gottessöhne mit den Töchtern der Menschen verkehrten und diese ihnen gebaren, das sind die starken Männer der Urzeit.«

Die Wächter der Urzeit waren gar nicht engelhaft unschuldig. Ein Trupp von 200 zeugte im Rahmen einer Expedition 1000 Kinder. Es würde den Rahmen dieser Abhandlung sprengen, wollte ich den gesamten technischen Hintergrund Henochs erörtern. Zwei Themenkreise möchte ich ansprechen:

1. Detailliert schildert Henoch Himmelsreisen. Mit Feuer und Flamme wird er emporgehoben in den Himmel. Henoch sieht die Orte der Lichter, die Mündungen der Ströme der Erde. Seine exakten Kenntnisse zeigen: Henoch hatte Kontakt mit Außerirdischen.

2. Engel, Wächter des Himmels, Gottessöhne und sonstige »Himmlische« waren wahrhaftig keine Engel, sie benahmen sich eher wie »Besatzer« – Besatzer einer fremden Macht. Allem Anschein nach benahmen sich die Mitglieder des »technischen Personals« – Referenten zur besonderen »Verwendung« – nicht selten daneben.

Prof. Fohrer, Erlangen, nimmt an, bei den Gottessöhnen habe es sich um untergeordnete Gottheiten gehandelt. Anders die Professoren Hamp und Stenzel: »Kurzer, schwerverständlicher Bericht, der sich offensichtlich auf Tatsachen stützt, die sich in geschichtlichem Dunkel verlieren. Erklärer, die von der Übersetzung Gottessöhne ausgehen, denken hier teils an Engel, teils an Nachkommen Seths (!).«

Biblische und außerbiblische Texte über Engel liefern bemerkenswerte Hinweise auf die Vergangenheit der Menschheit:

1. Engel gab es schon vor der Erschaffung des Universums (Hiob 38,7).

2. Ein Drittel der Engelsschar bewohnte vor den Menschen die Erde: Offenbarung 12,4. Sie sollten offenbar an der Vervollkommnung der Erde mitwirken.

3. Die auf der Erde wohnenden Engel wurden böse (2. Petr. 2,4). Sie zerstritten sich mit den Göttern.

4. Luzifer tat sich durch seine abrupte Änderung in bezug auf seinen Lebenswandel besonders hervor. Erst ein Engel im wahrsten Sinne des Wortes, dann ein Unhold ersten Ranges (Hes. 28,12–17).

5. Unzufrieden mit der Herrschaft über seinen Planeten, wo er sich bewähren sollte, wollte er die Gesamtherrschaft an sich reißen. »Ich will in den Himmel steigen, meinen Thron über die Sterne Gottes stellen!« (Jes. 14,13.)

6. Luzifer wurde überheblich, er »erhob sein Herz« (Hes. 28,17) und beneidete die Götter. Er beschloß einen Krieg, führte seine Engel zum Aufruhr. Er kommandierte die Engel, die »ihren Herrschaftsbereich nicht bewahrt, sondern die eigene Wohnstätte verlassen hatten«. (Judas, 6, nach der Übersetzung von Menge.)

7. Luzifer und seine Schar wurde vernichtend geschlagen (Offenbarung, 12,4).

6. Schluß

Die Vergangenheit unseres Planeten Erde war phantastisch, unsere Zukunft wird uns unsere Erinnerungen an die Zukunft grandios in Erscheinung treten lassen.

Laßt uns unsere Vergangenheit mit modernen Augen suchen! Wenn wir wissen, was einmal war, wenn wir das Geheimnis der menschlichen Existenz einmal wirklich gelöst haben werden, dann können wir mit Siebenmeilenstiefeln in die Zukunft schreiten. Wir wollen aber nicht in

Euphorie ausbrechen. Der Weg in die Vergangenheit ist nicht immer einfach. Und ob wir nur Gutes zu erwarten haben von der tausendfach angekündigten Wiederkunft der Götter, ist äußerst fraglich. Die »Bestrafungsaktionen« der Götter – von Sodom bis (vielleicht) Tunguska – sind hinlänglich bekannt. Steht uns gar Ähnliches bevor? Diese Frage vermag niemand zu beantworten. Die Möglichkeit einer unangenehmen Erfahrung mit den »Göttern«, die uns bevorstehen kann, ist uns allen bewußt. Daran ändert auch nichts das Geschwafel einiger weniger profilierter Gegner, die uns eine »Heilserwartung« unterstellen. Als ob wir auf die Rückkehr der »Astronautengötter« wie auf die Messiasse der Zukunft warten würden.

Nur: Wir wissen, daß sie da waren. Es ist besser, auf ihre Rückkehr vorbereitet zu sein, als manisch alle Hinweise auf ihre Besuche zu negieren. Denn daß die »Götter« wiederkommen, das haben sie eindringlichst erklärt. Wie schon Salomon sagte: »Was war, wird wieder sein, was geschah, wird wieder geschehen, und nichts Neues gibt es unter der Sonne.« Nachzulesen in der Bibel, Prediger, Kapitel 1, Vers. 9.

Kapitel 24
Unterwegs ins phantastische Gestern

Weltweit schließen sich unzählige Indizien zu einem Indizienbeweis zusammen – die Vergangenheit der Menschheit war phantastisch. Die oft unglaublichen Artefakte, Indizien und Beweise gibt es freilich nicht nur in fernen Ländern, sie liegen oft direkt vor unseren Füßen . . . machen es möglich, die phantastische Vorzeit über drei Pfade zu erreichen . . .

Der behelmte Gott von Cemmo III

Mai 1981 entdeckten Mitarbeiter des prähistorischen Studienzentrums von Capo di Ponte unter Leitung von Professor Anati eine seltsame Stelle. Ich selbst suchte den Ausgrabungsort Juni 81 auf – die Strapazen unter glühender Sommersonne, durch Gestrüpp und dorniges Gebüsch sind vergessen. Ich stehe vor einer erst kürzlich von Staub, Dreck und Moos befreiten Stele, ausgegraben von der attraktiven Archäologin Mila de Abreu und ihren Mitarbeitern. Sie ist stolz auf die Entdeckung – und das mit Recht. Die Stele mißt 130 mal 80 cm und ist bis zu zwanzig Zentimeter dick. Auf der Rückseite sind 15 Gestalten zu einer Art »Prozession« zusammengekommen. Die Vorderseite zeigt nochmals 15 Personen, zwei davon sind im Laufe der Jahrtausende fast völlig verwischt, unkenntlich geworden. Besonders deutlich ist eine weitere Gestalt hervorgehoben – sie trägt einen Helm, einen »Strahlenhelm«, wie Mila de Abreu sagt. Auf einen Besucher unserer Tage wirkt die Figur wie ein Astronaut. »Gibt es mehr von diesen ... Wesen?« frage ich. »Überall sind behelmte Wesen ... besonders schöne Exemplare gibt es bei Zurla und Foppe di Nadro.«

Zwei volle Tage suchte ich – und fand drei Pärchen von behelmten schwebenden Gestalten, die offenbar Raumanzüge mit enganliegenden Overalls, Helmen auf den Schultern tragen. 500000 Gravuren sind bislang im Val Camonica registriert worden – eine unüberschaubare Zahl. Tagtäglich werden es mehr. So ist es sehr schwierig, ganz bestimmte, einzelne Zeichnungen zu finden, aber unmöglich, bei einem Spaziergang nicht ständig und überall auf die Spuren der Vorzeit zu stoßen. Unglaublich, wieviel die Gravuren im Tal der Götter zu berichten vermögen – dem interessierten Besucher, der ohne Vorurteile den ersten Pfad in die phantastische Vorzeit geht ...

Das Val Camonica erstreckt sich vom kleinen idyllische Iseosee, nordöstlich von Mailand, bis nach Edolo im Norden. Im Laufe der Jahrtausende hat sich der kleine Ogliofluß durch Erde und Gestein in die Tiefe gefressen. Die rund zweieinhalbtausend Meter hohen Gebirgszüge zu beiden Seiten wirken so um so imposanter. Geprägt wurde das Tal freilich nicht durch den Fluß, sondern durch die letzte Eiszeit. Jene Epoche stellt sich der müde Wanderer nur im Sommer als angenehm vor.

Was mich persönlich am Val Camonica so begeistert ist – gerade der Laie kann, da unvoreingenommen, so manches Rätsel lösen ... Vor rund 12000 Jahren zogen sich gewaltige Eismassen aus dem Val Camonica zurück. Sie prägten nachhaltig das Gesicht des Tals. Riesige Gesteinsmassive wurden abgeschliffen und in gewaltige natürliche Tafeln verwandelt, die flach am Boden oder an Hängen liegen. Bis in jene frühen Zeiten reichen die ältesten Kunstwerke der Camonicabewohner zurück. In den ersten Jahrtausenden nach der Eiszeit spürten die Menschen die Auswirkungen jener Epoche. Das Val Camonica muß noch lange eine Sumpflandschaft gewesen sein. So schwer das gewiß den Steinzeitmenschen fiel: Sie siedelten in den Sümpfen. Davon zeugen Tausende von Bildern, eingraviert in die »Steintafeln«, Tausende Bilder von Pfahlbauten, wie sie zur Besiedelung der Sümpfe erforderlich waren! Es ist sinnlos, nach herkömmlicher, konservativer Weise zu datieren. Zunächst wird ein Bild fixiert: In der Epoche A gab es nach herkömmlichen Erkenntnissen Werkzeuge vom Typ a, in der Epoche B vom Typ b. Dann begutachtet man die Gravuren, und je nachdem, mit welchen Werkzeugen sie gemacht wurden, datiert man sie. Demnach dürfte die Batterie von Bagdad nur wenige Jahrhunderte und nicht zweitausend Jahre alt sein! Die herkömmliche Datierungsmethode gleicht doch einer Schlange, die sich in den eigenen Schwanz beißt – sie setzt beliebige Daten und Fakten als gegeben voraus und baut auf diesen »Fakten« ein Datierungssystem auf . . . Die Pfahlbaubewohner trugen – das beweisen Gravuren! – vor Jahrtausenden bereits Schuhe, waren also aller Wahrscheinlichkeit nach bekleidet. Und: Die Urmenschen fertigten Landkarten an! Diese Karten fallen auf den ersten Blick oft gar nicht auf! Da sieht man nur Pünktchen, Flekken, Striche und Mulden. Felix Paturi stellt in seinem Standardwerk »Zeugen der Vorzeit« fest: »Es gab sie in allen Ländern Europas, aber auch in ganz Afrika, in Amerika, Rußland und sogar Australien . . . im Flachland ebenso wie im Hochgebirge, im Binnenland wie an den Meeresküsten.« Der italienische Architekt Cesare Borgna entdeckte: Eine komplizierte Gravur oberhalb des Dörfchens Cran Falto deckt sich mit einer Karte des Gebietes! Borgna forschte weiter – nach den steinzeitlichen Karten fand er Spuren von vorzeitlichen Siedlungen, urzeitlichen Tiergehegen! In ganz Italien scheinen die Urmenschen Karten angelegt zu haben – woher aber hatten sie das Wissen in Kartographie? Professor Stuart Pigott weist nach: Es besteht ein Zusammenhang zwischen den Karten und unterirdischen Metallvorkommen – die Karten enthalten eindeutige Hinweise auf unterirdische Metallager! Eine genaue Untersuchung der Karten ergab schließlich noch, daß die Zeichner keinerlei Rücksicht auf die oft erheblichen Niveauunterschiede der steinernen Unterlagen genommen haben. Der bekannte italienische Architekt Borgna fertigte aus vier Metern Höhe Photos von den Karten an. Die verzerrungsfreien Aufnahmen deckten sich mit modernen geographischen Karten. Mit anderen Worten: Die Karten wurden nicht einfach in den Stein geritzt, es kam offenbar ein den Archäologen heute noch unbekanntes Projektionsverfahren zum Einsatz.

Folgende Fakten sind nicht leicht unter einen Hut zu bringen, geht man vom herkömmlichen Bild der Vorzeit aus: Steinzeitliche Menschen wohnten in Pfahlbauten, gingen besohlt und demnach wohl auch bekleidet einher und fertigten Landkarten an – mit Hinweisen auf Metallvorkommen, die für Steinzeitmenschen doch sinnlos waren. Wenn es nicht die Steinzeitmenschen waren, wer interessierte sich dann für Metalle? Und: wann?

Felix R. Paturi zitiert aus dem amtlichen Grabungsbericht: »Anhand der Ausgrabungsschicht und sechs später gefundener Skelette ließ sich die Platte (mit der Karte! – der Autor) datieren: Sie ist 100 000 (einhunderttausend!) Jahre alt. Nicht der steinzeitliche Mensch von Cro Magnon hatte sie also erschaffen, sondern eine noch wesentlich ältere Rasse ...« Die Theorie der Prä-Astronautik bringt außerirdische Besucher ins Spiel, die die Erde vor Jahrtausenden besuchten. Astronauten in grauer Vorzeit sind im gängigen Geschichtsbild aber ebensowenig vorgesehen wie das Helmwesen von »Cemmo III« von Cemmo bei Capo di Ponte oder die drei Pärchen von Zurla und Foppe die Nadro, dreimal zwei Pärchen, schwebende Wesen mit Raumanzügen und Helmen! Waren Außerirdische die Lehrmeister der Vorzeitmenschen? Ich fordere den Leser auf, reisen Sie ins Val Camonica, studieren Sie die unzähligen Gravuren, gehen Sie den ersten Pfad in die graue Vorzeit.

Nachwort

In den Mythen und heiligen Büchern der Menschheit wimmelt es nur so von Hinweisen auf außerirdische Besucher auf unserem Planeten. Die Fremden aus dem All wurden aber, wiederum weltweit, in Höhlenmalereien und Kunstwerken der verschiedensten Arten festgehalten. Jene Wesen, die zur Erde kamen, die den Menschen schufen, erschienen unseren Vorvätern ob ihrer scheinbaren Allmacht als »Götter«, als »Astronautengötter«. Wir, die wir selbst Raumfahrt betreiben und in absehbarer Zeit in die Tiefen des Universums vordringen werden, erkennen die Besucher als Astronauten.

Warum ist es nun wichtig, sich mit prähistorischen Besuchern aus dem All auseinanderzusetzen? Mancher Zeitgenosse mag einwenden, daß es doch relativ belanglos sei, was »in grauer Vorzeit« geschah. »Mir ist es doch herzlich gleichgültig, ob unsere Erde von ›Astronautengöttern‹ besucht wurde oder nicht! Wenn sie tatsächlich hiergewesen sein sollten . . . Ich bin davon doch nicht betroffen!« mag mancher Leser einwenden. Ist dem tatsächlich so?

Die »Astronautengötter« der Vorzeit haben aber immer wieder versprochen, dereinst wieder aus dem All zurückzukommen, den Planeten Erde irgendwann wieder zu besuchen. Es spricht nun viel dafür, daß die Fremden aus dem All zur Erde zurückgekehrt sind. In unserem Jahrhundert, ja in unseren Tagen, in der Gegenwart. Jeder kann jederzeit von ebendieser Rückkehr der »Astronautengötter« direkt betroffen sein, heute, hier und jetzt, tagtäglich.

So ist es von großer Bedeutung und Wichtigkeit, daß wir auf kommende Ereignisse vorbereitet sind.

Was haben wir von den Fremden aus dem All zu erwarten? Wie werden sie uns Menschen begegnen? Wie werden sie sich uns gegenüber verhalten? Diese Fragen sind für unser jetziges Leben von großer Bedeutsamkeit. Wir können diese Fragen beantworten, wenn wir erforschen, wie sich die »Astronautengötter« der Vorzeit den Menschen gegenüber verhielten. Deshalb habe ich das Buch »Astronautengötter« geschrieben: damit wir aus der Vergangenheit für Gegenwart und Zukunft lernen. Denn: Die Geschichte wiederholt sich. Die Astronautengötter sind zur Erde zurückgekehrt.

Mit Sorge müssen wir zur Kenntnis nehmen, daß in unseren Tagen, in denen Religionen an Bedeutung zu verlieren scheinen, Sekten entstehen, in deren Zentrum Außerirdische stehen, als Heilsbringer, als liebliche Engelwesen. Die Anhänger dieser Sekten erwarten von den Besuchern aus dem All Hilfe in allen Lebenslagen. Diese Tendenz ist gefährlich und erschreckend. Niemand darf leugnen, daß unsere Zeit von enormen Problemen geplagt wird: Kriege herrschen allenthalben, Hungersnöte und Epidemien peinigen die Menschheit, wir vergiften unsere Umwelt, unseren Lebensraum in einer nicht verantwortbaren Weise. Diese und andere drängende Probleme müssen wir Menschen des ausgehenden 20. Jahrhunderts selbst lösen. Wer die Hände in den Schoß legt, weil er glaubt, die Rettung aus den Miseren komme aus dem All, der irrt nicht nur, der gefährdet auch die Menschheit in ihrer Existenz.

Die Besucher aus dem All haben über lange Zeiträume hinweg Erde und Menschheit beobachtet, studiert. Wie werden sie uns behandeln? Als echte Gesprächspartner, als intelligente Wesen werden sie uns nur akzeptieren, wenn wir uns auch wirklich als intelligent erweisen, im Umgang mit den großen Weltproblemen.

Aktueller Zusatz

Auf der Weltkonferenz der »Ancient Astronaut Society« 1995 (18.–19. 8. 1995 in Bern) wurde heftig über den sogenannten »Roswell-Film« diskutiert. Stammt er wirklich aus dem Jahr 1947? Zeigt er wirklich, wie »menschliche« Wissenschaftler einen kleinwüchsigen Außerirdischen sezieren, der 1947 bei Roswell beim Absturz eines UFOs ums Leben kam?

UFO-Papst Johannes von Buttlar und Streitgefährte Michael Hesemann verkündeten, nichts spreche dafür, daß der Film falsch sei. Mir ist das zu wenig: Leider spricht auch nichts für die Echtheit des Films. Bei dem im Film gezeigten Körper könnte es sich sehr wohl um eine sehr irdische Leiche handeln, um ein etwa 12jähriges Kind, das an Mukopolysaccharidose starb. Die Begleiterscheinungen dieser Krankheit könnten einen Menschen so verunstalten, daß er wie der angebliche »Roswell-Außerirdische« aussieht.

Meiner Meinung nach läuft die Diskussion falsch: Es ist nicht die wichtigste Frage in der UFO-Forschung, ob der Film echt ist oder falsch. Es geht um das UFO-Thema in seiner Gesamtheit. So könnte der »Roswell-Film« eine geschickte Fälschung der Anti-UFO-Seite sein, die das Falsifikat produzierte, verbreitete, um dann die Bombe platzen zu lassen. Dann würde die Anti-UFO-Seite triumphieren, dann hätte die seriöse UFO-Forschung erheblichen Schaden genommen.

Fazit: Keine voreiligen Statements zum »Roswell-Film«. Das Material muß erst wissenschaftlich überprüft werden.

Walter-Jörg Langbein
September 1995

Anhang 1
Schluß mit der Geheimniskrämerei – Eine UFO-Resolution

Die von Lord Peter John Hill-Norton, dem ehemaligen britischen Militäroberbefehlshaber und Flottenadmiral, erstmals offiziell zugegebene Geheimniskrämerei muß bekämpft werden. Jede Leserin, jeder Leser kann dazu beitragen, daß endlich nach wie vor unter Verschluß gehaltene UFO-Dokumente publik gemacht werden. UFO-Forscher in aller Welt unterstützen eine Resolution, die ich meinen Leserinnen und Lesern vorstellen möchte. Sie bezieht sich einerseits konkret auf den Absturz eines UFOs, dessen Wrack 1947 bei Roswell in New Mexico geborgen wurde. (Ich habe den Fall ausführlich in meinem Buch »Das Sphinx-Syndrom« beschrieben!) Sie wendet sich aber zugleich auch an die betreffenden US-Behörden mit dem Ziel der Freigabe aller noch geheimgehaltenen UFO-Dokumente.

Roswell-Deklaration

1947 ereignete sich in einer Wüstengegend der Vereinigten Staaten ein Zwischenfall, der bedeutsame Auswirkung auf die gesamte Menschheit haben könnte. Er beinhaltet die Bergung von Material, von dem angenommen wird, es sei außerirdischer Herkunft, durch das US-Militär. Das Ereignis wurde durch US-Militärstellen am 8. Juli 1947 durch eine Pressemeldung bekanntgegeben, die dann durch Zeitungen im ganzen Land weiterverbreitet wurde. Sie wurde hinterher wieder dementiert und durch etwas ersetzt, von dem angenommen wird, daß es sich um eine Vertuschungsgeschichte handelt. Es wurde nunmehr behauptet, das Material sei nichts weiter als ein Wetterballon. Die Angelegenheit ist seither durch die Regierung mit dem Schleier des Geheimnisses zugedeckt worden.

Die Pressemitteilung, die zuerst das ungewöhnliche Ereignis bekanntgab, wurde vom Kommandeur der 509. Bombereinheit des Roswell Army Air Field, Oberst William Blanchard, herausgegeben, der später zum Vier-Sterne-General und Vizechef der Air Force der Vereinigten Staaten befördert wurde. Die Wetterballon-Geschichte war zur Vertuschung des tatsächlichen Ereignisses erfunden worden, was durch Personen, die direkt beteiligt waren, bestätigt wurde, einschließlich des späteren Generals Thomas Du Bose, der das Telefonat aus Washington D.C. entgegennahm, in dem die Vertuschung angeordnet wurde. Zahlreiche andere glaubwürdige militärische und zivile Zeugen haben bestätigt, daß die originale Pressemitteilung korrekt gewesen ist und daß die Wrackteile von Roswell extraterrestrischen Ursprungs waren. Eine dieser Personen war Major Jesse Marcel, der Abwehroffizier der 509. Bombereinheit und einer der ersten Militäroffiziere am Ort des Geschehens war.

Am 12. Januar 1994 gab der Abgeordnete des Kongresses der Vereinigten Staaten Stefen Schiff aus Albuquerque, New Mexico, auf einer Pressekonferenz bekannt, daß er im Verteidigungsministerium wie gegen Mauern gelaufen sei, als er im Namen der Bürger und Zeugen Informationen, daß Roswell-Ereignis von 1947 betreffend, verlangte. Indem er weitere Untersuchungen in der Sache ankündigte, nannte der Kongreßabgeordnete Schiff das Fehlen jeder Antwort seitens des Verteidigungsministeriums »erstaunlich« und schloß daraus, daß es sich hier um ein »weiteres Vertuschungsmanöver handelt«. Die Geschichte hat gezeigt, daß offizielle Versicherungen oder Dementis durch die Regierung oft bedeutungslos sind. Dennoch gibt es einen logischen und geradeaus führenden Weg, die Wahrheit über Roswell zu finden; ein Exekutivbeschluß, der die Geheimhaltung jeglicher Informationen betreffend der Existenz von UFOs und extraterrestrischer Intelligenz aufhebt. Solch eine Aktion würde berechtigt und angemessen sein, denn es handelt sich hier um eine Angelegenheit von universeller Bedeutung. Um alle potentiellen Zeugen mit der nötigen Sicherheit zu versehen, wäre es erforderlich, solch einem klar formulierten Beschluß Gesetzeskraft zu verleihen. Eine derartige Verfügung ist grundlegend notwendig, und genau das war es auch, was Präsidentschaftskandidat Jimmy Carter 1976 versprach und dann nicht einhielt.

Wenn, wie offiziell behauptet wird, keine Informationen über Roswell, UFOs oder extraterrestrische Intelligenz zurückgehalten werden, würde ein Exekutivbeschluß zur Aufhebung der Geheimhaltung nur eine bloße Formalität bedeuten, denn es gäbe ja nichts, was enthüllt werden müßte. Der Beschluß hätte den positiven Effekt, daß die Sache ein und für allemal wahrheitsgemäß richtiggestellt würde. Jahre der Kontroverse und Verdächtigungen würden enden, vor den Augen der Bürger der Vereinigten Staaten von Amerika und der ganzen Welt.

Wenn andererseits die Zeugen von Roswell die Wahrheit sagen und Informationen über außerirdische Intelligenz existieren, dann kann es nicht eine Sache sein, über die ein paar Privilegierte innerhalb der amerikanischen Regierung Exklusivrechte besitzen. Es stellt Wissen von grundlegender Bedeutung dar, an dem alle Menschen dieses Planeten ein nicht zu leugnendes Recht haben. Seine Preisgabe würde fraglos universell als ein historischer Akt von Ehrlichkeit und gutem Willen anerkannt werden.

Die Roswell-Erklärung wurde in den vergangenen Monaten weltweit verbreitet und stieß auf lebhaftes Echo ... nicht nur in den USA, auch in Rußland und zahlreichen Ländern Europas. Die Roswell-Erklärung zeigte auch schon Wirkung bei den Behörden in den USA. Es wurde zugegeben, daß die über Jahrzehnte gegebene Erklärung (»Wetterballon«) falsch war. Als Alternative wurde angeboten, es habe sich um ein geheimes Programm zur Entdeckung möglicher sowjetischer Atomtests mittels spezieller Instrumente, die an hoch fliegenden Ballonhaufen befestigt waren, gehandelt. Bei dem Wrack von Roswell habe es sich um ein »Gebinde« von etwa 20 geheimen militärischen Ballons gehandelt, die bei Roswell abgestürzt seien. Freilich hat sich auch diese Erklärung als falsch erwiesen. Nach wie vor versuchen die Behörden, Material über UFOs, extraterrestrische Besuche auf der Erde geheimzuhalten.

Gegen diese Geheimniskrämerei wendet sich die folgende kurze Roswell-Erklärung. Ich bitte meine Leserinnen und Leser sehr herzlich, den folgenden kurzen Text abzuschreiben, zu unterschreiben und an mich abzusenden. Ich werde ihn dann an die zuständige Behörde weiterleiten. Bitte senden Sie folgenden Text an:

Walter-Jörg Langbein
c/o Langen-Müller Verlag
Thomas-Wimmer-Ring 11
D-80539 München
Deutschland

Der Text:
Ich unterstütze die Initiative für einen Exekutiv-Beschluß,

alle Informationen der US-Regierung, die Existenz von UFOs oder extraterrestrischer Intelligenz betreffend, von der Geheimhaltung zu befreien. Unabhängig davon, ob solche Informationen existieren oder nicht, glaube ich, daß die Völker der Welt das Recht haben, in dieser Sache die Wahrheit zu erfahren. Es ist an der Zeit, die Kontroverse zu beenden, die diese Thematik umgibt.

Unterschrift/Datum

Berufsbezeichnung

---

falls vorhanden: Diplom, Titel, akademischer Grad

Name (Vorname, Nachname, bitte in Druckbuchstaben

Straße

Postleitzahl/Ort

Land

Ich danke Ihnen, liebe Leserin, lieber Leser, im voraus für die Unterstützung.

Walter-Jörg Langbein

Anhang 2
Fußnoten und Literatur

Im fortlaufenden Text des vorliegenden Buches fügte der Autor Fußnoten ein. Diese Fußnoten sollen auf besonders wichtige Werke hinweisen, auf die sich der Autor mit seinen Darstellungen stützt. Genannt sind auch solche Werke, denen der interessierte Leser weiteres Material zu den Thesen und Gedankengängen des Autors entnehmen kann.

1. Fußnoten zu Kapitel 22 Götter und Riesen im Altertum

1 Zwingli Zürcher Bibel
2 Emil Kautzsch: Die Apokryphen und Pseudepigraphen des Alten Testamentes, Tübingen 1900
3 Kebra Negest, 23. Band, 1. Abteilung: Die Herrlichkeit der Könige
4 Herbert Gottschalk: Lexikon der Mythologie, Berlin 1973
5 Das Gilgameschepos
6 Walter Krickeberg: Märchen der Azteken und Inkaperuaner, Maya und Muisca, Jena 1928 (Neuauflage: Düsseldorf 1972)
7 Denis Saurat: Atlantis und die Herrschaft der Riesen, Stuttgart 1955
8 Dr. Cecil Dougherty: Valle of the Giants, Cleburne, Texas, 1971
9 Econ-Verlag (Informationsschrift): Das Weltphänomen Erich von Däniken
10 Robert Charroux: Unbekannt, Geheimnisvoll, Phantastisch, Düsseldorf 1970
11 F. Weidenreich: Apes, Giants and Man, Chicago 1946
12 Arizona Highways: Were there Giants in those days?, Juli 1951
13 Neue Zürcher Zeitung: Der Riese von Cerne Abbas, 4. Juni 1972
14 S. N. Kramer: Geschichte beginnt mit Sumer, München 1959
15 Das Gilgameschepos, 11. Tafel
16 Emil Kautzsch: Die Apokryphen und Pseudepigraphen des Alten Testamentes: Reste der Worte Baruchs, Tübingen 1900

2. Fußnoten im Gesamtwerk

1 Sumer, a journal of archeology and history in Iraq, Vol. XVIII, published by the Directorate General of Antiquities, Republic of Iraq, Baghdad
2 Erich von Däniken: Meine Welt in Bildern, Econverlag, Düsseldorf, Wien 1973
3 Der große Brockhaus, Fa. Brockhaus Wiesbaden, 1955, 8. Band, Seite 739
4 Brief von Ernst Stuhlinger an Autor, vom 10. 9.1973
5 Siedlungsplatz steinzeitlicher Jäger, Lichtenfelser Tagblatt vom 21. 4.1973
6 Baghdad Batteries B.C. von W. Winton aus Sumer – a journal of archeology, Vol. XVIII
7 The electric battery Directorate General of Antiquities, Publishing and Photography, Baghdad, Republic of Iraq, 1. 12.1972 veröffentlicht
8 Däniken-Film Erinnerungen an die Zukunft, Constantin Film GmbH
9 ebenda
10 Stonehenge Decoded, Gerald S. Hawkins, Fontana Books, 1970
11 Stonehenge älter als die Pyramiden von Walter-Jörg Langbein, Lichtenfelser Tagblatt (Obermain Tagblatt) vom 23. 2.1972
12 Hans Sterneder: Also spricht die Cheopspyramide, Hermann Bauer Verlag, Freiburg im Breisgau, 1971
Aloys Christof Wilsmann: Wunderwelt unter der Tarnkappe, Sebaldusverlag, Nürnberg 1959
13 Karl F. Kohlenberg: Enträtselte Vorzeit – die Mythen geben Antwort, Lizenzausgabe des Deutschen Bücherbundes, Stuttgart, München 1970
14 Louis Marillier: Du Rôle de la Psychologie et des études de Mythologie Comparée, Revue des Religions, XXXII, 1896
15 Georges Dumezil: Aspects de la Fonction guerrière chez les Indoeuropéens, 1859
16 Sarel Eimerl und Irven de Vore: Evolution, Seiten 14ff.
17 Lecomte de Nouy: Die Bestimmung des Menschen, Seiten 113, 114 in der Lindermannübersetzung, erschienen 1948
18 Encyclopädia Britannica, Band 14, Seite 763, 1946

19 Encyclopädia Britannica, Band 14, Seiten 763, 764, 1946
20 2 Artikel, Datum leider im Moment nicht feststellbar: Einsteins Theorie wird getestet und: Schnelle Uhren gehen nach sowie: Einstein hatte also recht! von Walter-Jörg Langbein, Obermain Tagblatt, 30. 10. 1971
21 Gerhard Steinhäuser: Das Geheimnis der sterbenden Sterne, Herbig, Berlin 1972
Irene Sänger-Bret: Ungelöste Rätsel der Schöpfung, Exon, Düsseldorf, Wien 1971
22 The Gnosis or Ancient Wisdom in the Christian Scriptures or the Wisdom-mystery, by William Kingsland, Allen and Unwind Ltd. Londen (ohne Jahresangabe)
23 Johannes von Puttkammer: Apollo 8, Aufbruch ins All, München 1969
24 Eberhard: Monumenta Serica – Die Lokalkulturen des Südens und Ostens, Peking 1942
25 Robert Charroux: Verratene Geheimnisse, Berlin, München 1967
26 Karl F. Kohlenberg: Enträtselte Vorzeit, Stuttgart 1970
27 Homer: Ilias
28 Nevermann: Götter der Südsee, Stuttgart 1947
29 Grimal: Mythen der Völker, Band III, Frankfurt am Main 1967
30 Nevermann: Götter der Südsee, Stuttgart 1947
31 Lönnrot: Kalewala, Das Nationalepos der Finnen, München 1922
32 ebenda
33 Capell: The Stratification of Afterworlds. Beliefs in the New Hebrides Folklore, London 1938
34 Grimal: Mythen der Völker, Band III, Frankfurt am Main 1967
35 Fritz Felbermayer: Sagen und Überlieferungen der Osterinsel, Nürnberg
36 ebenda
37 Alfred Métraux: Ethnology of Easter Island. A Bishop Museum Press Reprint, Honolulu, Hawaii, 1971
38 Die Gilgameschepos, Albert Schott, Philipp Reclam jun., Stuttgart
39 Waren die Götter Astronauten?, hrsg. von Ernst von Khuon, Düsseldorf, Wien 1970
40 Ceram: Der erste Amerikaner – das Rätsel des vorkolumbischen Indianers, Rowohlt, Reinbek bei Hamburg 1972
41 Gustav Schwab: Sagen des klassischen Altertums, Volmerverlag, Wiesbaden, Berlin
42 Wolfgang Schadewaldt: Griechische Sternsagen, dtv. München

43 Der Mahabharata – Ein altindisches Epos, Diedrichs, Düsseldorf 1961
44 Erich von Däniken: Zurück zu den Sternen, Argumente für das Unmögliche, Econ Verlag, Düsseldorf, Wien, September 1969
45 Peter Kolosimo: Sie kamen von einem anderen Stern – Frühkulturen aus dem Weltall, Wilhelm Goldmann Verlag, München
46 Reader's Digest, January 1966: Will man direct his own evolution?«
47 Nala und Damayanti – eine Episode aus dem Mahabharata, Phillipp Reclam jun., Stuttgart
48 Wolfgang Schadewaldt: Griechische Sternsagen, dtv, München
49 Ceram: Der erste Amerikaner, Rowohlt, Reinbek bei Hamburg 1972
50 ebenda
51 Peter Kolosimo: Sie kamen von einem anderen Stern, Goldmann, München
52 Märchen der Azteken und Inkaperuaner, Maya und Muisca, hrsg. von Walter Krickeberg, Eugen Diedrichs Verlag, Düsseldorf, Köln 1972 (Neuauflage)
53 ebenda
54 Das ägyptische Totenbuch, übersetzt und kommentiert von Gregorie Kolpatchy, Otto Wilhelm Barth Verlag, Obb. 1970
55 Gedichte aus dem Rig Veda, Reclams Universalbibliothek, Band 8930
56 Das Gilgameschepos, Philipp Reclam jun., Stuttgart, Universalbibliothek, 7235/35 a
57 Karl F. Kohlenberg: Enträtselte Vorzeit, Albert Langen, Georg Müller Verlag, München, Wien 1970
58 ebenda

3. Literatur

Im folgenden Literaturanhang sind Werke aufgeführt, mit denen der Autor gearbeitet hat, auf die er seine Theorien stützt und denen der interessierte Leser weiterführendes Material entnehmen kann.

A

Andreas, Peter: Die phantastische Wissenschaft, Düsseldorf, 1973
Anton, Ferdinand: Im Regenwald der Götter, Wien, Heidelberg, 1970
Aveni, A. F.: Archaeoastronomy, London, 1975

B

Baxter, John/Atkins, Thomas: Wie eine zweite Sonne, Düsseldorf, Wien, 1977
Bellamy, Hans Schindler, Professor: Moons, myths and man, London, 1936
Bibby, Geoffrey H. S.: Peru, Dumont, Schauberg, Köln, 1957
Bowen, Charles: The humanoids, London, 1969
Blumrich, Josef: Da tat sich der Himmel auf, Düsseldorf, Wien, 1972
Boschke, Friedrich: Das Unerforschte, Düsseldorf, Wien, 1972
Bushnell, Geoffrey H. S.: Peru, Dumont, Schauberg, Köln, 1957
Buttlar, Johannes von: Schneller als das Licht, Econ, Düsseldorf, Wien, 1972
Buttlar, Johannes von: Reisen in die Ewigkeit, Econ, Düsseldorf, Wion, 1973

C

Ceram, Ceram: Der erste Amerikaner – Das Rätsel des vorkolumbischen Indianers, Rowohlt, Reinbek bei Hamburg, 1972
Charroux, Robert: Unbekannt, Geheimnisvoll, Phantastisch, Auf den Spuren des Unerklärlichen, Econ, Düsseldorf, Wien, 1970
Charroux, Robert: Vergessene Welten, Auf den Spuren des Geheimnisvollen, Econ, Düsseldorf, Wien, 1974
Charroux, Robert: Phantastische Vergangenheit – Die unbekannte Ge-

schichte der Menschheit seit 100000 Jahren, Lizenzausgabe des Deutschen Bücherbundes, o. J.
Coe: Die Maya, Bergisch Gladbach, 1968
Coll, Pieter: Geschäfte mit der Phantasie, Arena-Verlag, Würzburg, 1970

D

Däniken, Erich von: Erinnerungen an die Zukunft, Econ, Düsseldorf, Wien, 1968
Däniken, Erich von: Zurück zu den Sternen, Econ, Düsseldorf, Wien, 1969
Däniken, Erich von: Aussaat und Kosmos, Düsseldorf, Wien, 1972
Däniken, Erich von: Meine Welt in Bildern, Econ, Düsseldorf, Wien, 1973
Däniken, Erich von: Erscheinungen, Phänomene, die die Welt erregen, Düsseldorf, Wien, 1974
Däniken, Erich von: Beweise, Lokaltermin in fünf Kontinenten, Düsseldorf, Wien, 1977
Däniken, Erich von: Prophet der Vergangenheit, Riskante Gedanken um die Allgegenwart der Außerirdischen, Econ, Düsseldorf, Wien, 1979
Dopatka, Ulrich: Spiegelbild der Götter, Bonn, 1975
Dopatka, Ulrich: Lexikon der Präastronautik – Die außerirdischen Phänomene in Archäologie, Astronomie und Mythologie, hrsg.: Erich von Däniken, 1979
Drake, Walter Raymond: Spacemen in Antiquitiy, Sunderland, 1961
Drake, Walter Raymond: Gods and spacemen in the ancient east, London, 1968
Drake, Walter Raymond: Gods and spacemen in the ancient west, London, 1974
Drake, Walter Raymond: Gods and spacemen throughout history, Chicago, 1975
Dumezil, Georges: Aspects de la Fonction guerrière chez les Indoeuropéens, 1859

E

Eberhard, K.: Monumenta Serica: Die Lokalkulturen des Südens und Ostens, 1942
Econverlag: Das Weltphänomen Erich von Däniken, Econ, Düsseldorf, Wien, 1973
Eimerl, Sarel: Evolution
Eisley: Von der Entstehung des Lebens und der Naturgeschichte des Menschen, Fischer Bücherei, Frankfurt, Hamburg, 1969

F

Felbermayer, Fritz: Sagen und Überlieferungen der Osterinsel, Hans Carl Verlag, Nürnberg

Fuchs, Walter R.: Leben unter fernen Sonnen? München, Zürich, 1973

Flornoy: Rätselhaftes Inkareich: Die Geschichte des großen Indianervolkes, Orell Füssli, 1956

G

Gadow, Gerhard: Erinnerungen an die Wirklichkeit, Erich von Däniken und seine Quellen, Fischer Bücherei, Frankfurt, 1971

Gentes, Lutz: Zur Frage der Tatsächlichkeit von Kontakten zu Außerirdischen im Alterum und Vorzeit, München, 1977

Gnosis, The-, or Ancient Wisdom in a mystery von William Kingsland, Allen and Unwin Ltd. London

Gregory, William: Our face from Fish to Man, Cornicon Books, New York, 1965

Grimal: Mythen der Völker, Band III, Frankfurt am Main, 1967

H

Haber, Heinz: Brüder im All, Stuttgart, 1970

Hawkes, Nigel: Stonehenge dating dispels icesheet theory, The Times, 5. 12.1994

Hawkins, G. H. S.: Stonehenge Decoded, Fontana, 1970

Herm, Gerhard: Die Phönizier, Econ, Düsseldorf, 1974

Herrmann, Paul: Das große Wagnis, 6000 Jahre Kampf um den Erdball, Zeitgeschichte-Verlag, 1936

Hesemann, Michael: Fliegende Schlangen und Vimanas, Manuskript

Hesemann, Michael: Das dritte Zeitalter, Manuskript

Heyerdahl, Thor: Kontiki, Ullstein, Wien, 1972

Heyerdahl, Thor: Expedition Ra, Rororo, Reinbek bei Hamburg, 1974

Heyerdahl, Thor: Fatu Hiva, München, Gütersloh, Wien, 1974

Homer, Ilias

Homet, Marcel F.: Nabel der Welt – Wiege der Menschheit, Freiburg, 1976

Hox, Daniel James: Gods in ancient times, Manuskript

I

Indian Prose and Poetry, Cornicon Books, New York, 1962

Indische Epen:
Das Gilgameschepos, Reclam, Stuttgart, 1970
Gedichte aus dem Rig Veda, Reclam, Stuttgart, 1969
Bhagavadgita – Das Lied der Gottheit, Reclam, Stuttgart, 1960
Das Mahabharata, ein altindisches Epos, Diedrichs, Düsseldorf, 1961

J

Jacobi, Bernhard: Als die Götter zahlreich waren, Frankfurt, 1968

K

Khuon, Ernst von, hrsg.: Waren die Götter Astronauten?, Econ, Düsseldorf, Wien, 1970
Knight, Damon: Charles Fort, London, 1971
Kohlenberg, Karl F.: Enträtselte Vorzeit, Die Mythen geben Antwort, Lizenzausgabe des Deutschen Bücherbundes, Stuttgart, 1970
Kolosimo, Peter: Sie kamen von einem anderen Stern – Frühkulturen aus dem Weltall, Goldmann, München
Krickeberg, Walter: Märchen der Azteken und Inkaperuaner, Maya und Muisca, Diedrichs, Köln, 1972
Krassa, Peter: Als die Gelben Götter kamen, München, 1973
Krassa, Peter: Gott kam von den Sternen, Freiburg, 1974
Krassa, Peter: Däniken intim, Freiburg, 1976

L

Langbein, Walter-Jörg: Die großen Rätsel der letzten 2500 Jahre, Augsburg, 1992
Langbein, Walter-Jörg: Das Sphinx-Syndrom – Die Rückkehr der Astronautengötter, Langen Müller, München, 1947
Le Poer Trench, Brinsley: The sky people, London, 1960
Lönnrot: Kalewala, das Nationalepos der Finnen, München, 1922
Loon, Hendrik Wilhelm van: The story of mankind, Washington Press, 1963

M

MacGowan, Roger/Ordway, Frederik: Intelligence in the universe, New York, 1966
Marillier, Louis: Du Rôle de la Psychologie et des études de Mythologie Comparée, Revue des Religions, XXXII, 1896
Mythen der Völker, Band I, Fischer Bücherei, Frankfurt, Hamburg, 1967

Mooney, Richard E.: Colony Earth, Greenwich, 1975
Mooney, Richard E.: Gods of Air and Darkness, New York, 1975
Monet: Das alte Ägypten, Zürich, 1964
Métraux, Alfred: Ethnology of Easter Island, A Bishop Museum Press, Honolulu, Hawaii, 1971

N
Navia, Louis E.: Unsere Wiege steht im Kosmos, Düsseldorf, Wien, 1966
Navia, Louis E.: Das Abenteuer Universum, Düsseldorf, Wien, 1977
Nevermann: Götter der Südsee, Stuttgart, 1947

O
Oberth, Hermann: Menschen im Weltraum, Neue Projekte für Raketen- und Raumfahrt, Econ, Düsseldorf, 1963
Oberth, Hermann: Stoff und Leben, Otto Reichel Verlag, Remagen, 1959
Oberth, Hermann: Das Mondauto, Econ, Düsseldorf, 1959
Oberth, Hermann: Katechismus der Uraniden, Ventlaverlag, Wiesbaden, Schierstein, 1966

P
Pahl, Joachim: Sternenmenschen sind unter uns, München, 1971
Pörtner, Rudolf: Die Wikinger Saga, Knaur, München, 1974
Pörtner, Rudolf: Mit dem Fahrstuhl in die Römerzeit, Econ, Düsseldorf, Wien, 1959

R
Rehork, Joachim: Der jüngste Tag blieb aus, Düsseldorf, Wien, 1977
Rüegg: Die ägyptische Götterwelt, Wien, 1959

S
Sachmann, Hans-Werner: In Schutt und Asche, Baden Baden, 1989
Sänger, Eugen: Raumfahrt, technische Überwindung des Krieges, Hamburg, 1958
Sänger-Bredt, Irene: Spuren der Vorzeit/Ungelöste Rätsel der Schöpfung, Düsseldorf, Wien, 1972
Schwab, Gustav: Sagen des klassischen Altertums, Vollmerverlag, Wiesbaden, Berlin
Schadewaldt, Wolfgang: Sagen des klassischen Altertums, von Dr. Schröder-Born handschriftlich kommentierte Ausgabe

Srejovic, Dragoslaw: New Discoveries at Lepenski Vir, Thames and Hudson, 1972
Steinhäuser, Gerhard: Das Geheimnis der sterbenden Sterne, Herbig, 1972
Süss, Emanuel: Rock Carvings in the Val Camonica, Edizioni Milione
Sumer: A journal of Archeology in Iran, Dar Al-Jumhuria Press, 1962

T

Temple, Robert: The Sirius Mystery, London, 1976
Thompson: Die Maya, München, 1968
Tomkins, Peter: Cheops, Scherzverlag, Bern, München, Wien, 1973
Totenbuch: das ägyptische, Otto Wilhelm Barth Verlag, 1970

V

Velikovsky, Immanuel: Worlds in collision, London, 1950
Velikovsky, Immanuel: Earth in upheaval, London, 1956
Vore, Irven de: Evolution?

W

Watson, Lyall: Supernature, Cornett Books, Hodder Paperbacks, London, 1973
Westphal, Peter G.: Das Buch von den fliegenden Untertassen, dva, Stuttgart, 1968
Wilsmann, Aloys Chr.: Wunderwelt unter der Tarnkappe, Sebaldusverlag, Nürnberg, 1959

Y

Yadin, Yigael: Bar Kochba, Archäologen auf den Spuren der letzten Fürsten von Israel, Deutscher Bücherbund, Lizenzausgabe, 1971

Folgende wissenschaftliche Zeitungen und Magazine wurden als Quellen benutzt:

Hamburger Abendblatt, 5. 12.1994: Geheim
Scientific American, Aprilheft 1971:
    Early man in the Andes
    Annual Biological clocks
    The mapping of human chromosomes

Scientific American, Juniheft 1971:
Fusion by Laser
The structure of the proton
An early city in Iran

Scientific American, Juliheft 1971:
Supernova remnants

Scientific American, Augustheft 1971:
Symbiosis and evolution
The Magnetism and the moon
The control of short term memory

Scientific American, Oktoberheft 1971:
The Lunar Rocks
Carbon 14 and the Prehistory of Europe

Scientific American, Dezemberheft 1971:
The Gum Nebula
The rotation of the Earth
The talking drums of Africa

Weiterhin dienten als Quellenmaterial:

Zeitmagazin, Nr. 19 vom 3. Mai 1973: Herz aus Plastik
Spiegel, Nr. 43, 1973: Archäologie-Feuer im Trog
Spiegel, Nr. 19, 1974: Rauhes Tuten aus der Vorzeit
Daily American, 28. August 1974: »How can America protect its vast Indian treasureland?«
X-Magazin, 1. Januar 1972: Kamen unsere Väter aus dem Weltraum?

Für das vorliegende Manuskript waren folgende Briefe von Bedeutung:
Briefe von

Blumrich, Josef: vom 20. August 1973/ 11. September 1973/ 15. Oktober 1973/ 4. Mai 1974/ 16. Juni 1976

Briegleb, Dr. W.: vom 3. Mai 1972

Bushnell, G. H. S.: vom 7. August 1971/ 2. März 1974

Chinesischen Museen:
Institute of Ethnology vom 30. August 1973
Institute of Archeology vom 13. August 1973
Institute of Archeology vom 10. September 1973
Chinesisches Geschichtsmuseum vom 30. September 1973
Wang Fu Ta Chieh, Academia Sinica vom 14. Januar 1974

Constantin Film: vom 17. Februar 1972 und vom 22. August 1974

Däniken, Erich von: vom 24. April 1973, 15. Mai 1973, 4. Juni 1973, 8. August 1973, 28. September 1973, 2. Oktober 1973, 12. Februar 1974, 18. März 1974, 15. Juli 1974, 5. August 1974, 1. Oktober 1974, 16. Januar 1975, 5. November 1975, 13. November 1975, 29. Dezember 1975, 30. Dezember 1975, 9. Januar 1976, 27. Januar 1976, 4. Februar 1976, 11. Februar 1976, 20. April 1976, 3. Juni 1976, 15. Juni 1976, 16. August 1976

Felbermayer, Dr. Fritz: vom 25. August 1974

Grubert, Dr. Harro: vom 23. August 1974

Iraq, The Republic of-, Ministery of Information:
vom 5. 12. 1972, 14. 5. 1973, 21. 7. 1973, 19. 8. 1973

Melhose, Dr. Kurt: vom 10. 6.1975, vom 18. 6.1975, vom 25. 6.1975

Museen:
Bernice P. Bishop Museum, Hawaii, vom 26. Dezember 1972

National Palace Museum, vom 29. Dezember 1972, vom 30. Januar 1973, 26. März 1973, 28. Juni 1973, 9. Juli 1973, 8. Oktober 1973
Royal Museum Canterbury, vom 16. August 1971
Museum für Völkerkunde Berlin, vom 12. Januar 1973, 2. April 1973

Oberth, Professor Dr. Hermann: vom 24. Oktober 1970, 16. November

1970, 25. November 1970, 21. Januar 1971, 11. Juni 1971, 9. Juli 1971, 7. November 1972, 15. Mai 1973, 24. Oktober 1973

Stuhlinger, Ernst, Associate Director: vom 10. September 1973

Tkach, John R.: vom 27. August 1974

Wehrenalp, von: vom 10. Januar 1975

Die folgenden Überlegungen mögen als Anreiz betrachtet werden, genauere Forschungen zum Thema »Dimensionen« anzustellen!

Anhang 3

Die Gesetze der Dimensionen – Denkanstöße
Für alle Dimensionen gilt ein ganz einfach zu formulierendes Gesetz der Beeinflussung einer Dimension aus der anderen oder des Eingreifens aus einer in (die) eine andere Dimension!

Wir bezeichnen die Dimension, in der man lebt, als n. Dimension (sprich n-te Dimension/ente-Dimension:1./2./3. . . .1000 . . . n.) Wir leben in der dritten Dimension, also gilt für uns n-3. Wir können eingreifen in die Welten der Dimension:

$$n - k \text{ mal } 1.$$

Dabei gilt: k ist ein ganzzahliges Vielfaches von 1. Andersherum formuliert. Ein Eingriff kann für die eigene Dimension erwartet werden aus der Dimension:

$$n + k \text{ mal } 1.$$

Auch dabei gilt: k ist ein ganzzahliges Vielfaches von 1.

Änderung der Gesetze in den verschiedenen Dimensionen
Ich bemühe mich, die vorliegende Abhandlung so allgemeinverständlich wie nur irgend möglich abzufassen. Dabei verzichte ich auf die anscheinend allgemein übliche Methode des Unverständlichmachens von eigentlich einleuchtenden Theorien durch häufiges Anwenden von meist eigens dazu erfundenen Fachausdrücken. Mir scheint, daß viele Autoren auf diese Weise besonders seriös und wissenschaftlich erscheinen wollen.

Auch sollen so Theorien wichtiger, fundierter erscheinen.

Während in der 1. und der 2. Dimension die Gesetze der Gerade und der Fläche gelten, sind es in der 3. Dimension die des Raumes.

Ab der 2. Dimension gelten die Gesetze der analytischen Geometrie. (Anmerkung: Man kann in der 1. Dimension auch die Gesetze der Addition und der Subtraktion anwenden, aber nur in einem Spezialfall, nämlich der Addition oder der Subtraktion paralleler Geraden!)

In der 4. Dimension

kommt in besonderem Maße die Zeit als wichtige Komponente hinzu – hier ist die Zeit die veränderliche Größe, während sie sich in den »niedrigen« Dimensionen zwar ändert, aber nicht geändert, beeinflußt werden kann, was ja in der 4. Dimension wohl möglich ist! In der 3. Dimension gilt die analytische Geometrie wie die absolute zweidimensionale Geometrie der Fläche. Es kommt aber noch die Geometrie der gekrümmten Fläche hinzu (geometrische Formen und Figuren der äußeren Fläche von Kugeln zum Beispiel unterscheiden sich sehr von denen auf der Ebene!).

In der 4. Dimension kommt also noch, wie gesagt, die Zeit als vierte Komponente dazu.

In besonderer Beziehung zur Zeit steht die Geschwindigkeit.

Denn mit steigender Geschwindigkeit ändert sich der Zeitbegriff. Es ist also möglich, daß in der 4. Dimension Zeitreisen zumindest deshalb – teilweise deshalb – möglich sind, weil Geschwindigkeiten keine Rolle spielen. Sobald man sich mit einer der Lichtgeschwindigkeit annähernden Geschwindigkeit bewegt, schleicht für den Dahinreisenden die Zeit förmlich dahin.

Auch gilt für einen mit hoher Geschwindigkeit Reisenden – und das Gesetz kann man meiner Ansicht nach auch für die 4. Dimension anwenden – eine andere Gesetzmäßigkeit der Addition.

Einstein stellte die Formel auf:

$$L = L\circ\,(1 - \frac{V^2}{C^2})\ \frac{1}{2}$$

(Anmerkung: 1/2 steht im Exponenten)

oder

$$L = L\circ\,\sqrt{(1 - \frac{V^2}{C^2})}$$

L = neue Länge

L○ = alte (Ausgangslänge)

wonach ein Stab der Länge L im beliebigen System S mit einer gesetzmäßigen Reduzierung abnimmt und so eine neue Länge erhält!

Das heißt schlicht und einfach, daß, sobald man sich mit Lichtgeschwindigkeit bewegt, 1 + 1 nicht mehr 2 ist.

Wichtiger als dieses Gesetz ist vielleicht das folgende: Geschwindigkeit – Länge dividiert durch Zeit, es gilt also:

$$V = \frac{L}{T}$$ V = Geschwindigkeit

$$V \cdot T = \frac{L \cdot T}{T} = L$$ L = Länge

$$V . T = L$$ T = Zeit

$$T = L \cdot \frac{1}{V}$$

$$T = \frac{L}{V}$$

Gerade durch die Formel Zeit = Länge durch Geschwindigkeit wird deutlich, wie stark der Einfluß der Geschwindigkeit auf die Zeit ist. Nun habe ich die uns bekannten Gesetzmäßigkeiten der 4. Dimension angegeben. Ich bin mir darüber im klaren, daß man aus diesen Formeln und Gleichungen keinen direkten Nutzen ziehen kann, aber ich wollte ja auch – wie denn? – keine Anweisung für das Leben in einer anderen Dimension geben.

Was ich erreichen wollte, habe ich aber erreicht: Ich habe gezeigt, daß selbst ein Laie die 4. Dimension als etwas Normales erkennen und – als Laie – Vermutungen über die Dimensionen anstellen kann!

Trotzdem gilt: Endlich müssen Fachleute ran!

Anhang 4

Dank

Als vor nunmehr fast 30 Jahren Erich von Dänikens erstes Werk »Erinnerungen an die Zukunft« erschien, begann ich bereits, noch Gymnasiast, mit einem Buchmanuskript, aus dem sich später die »Astronautengötter« entwickelten. Damals führte ich so manch wichtiges Gespräch mit meinem Musiklehrer, Herrn Heinz Müller-Beck, dem ich an dieser Stelle ganz herzlich danken möchte. Seit jenen Jahren fand ich in Erich von Däniken einen sachkundigen, stets hilfreichen Berater und guten Freund. Auch ihm gehört mein Dank. Die erste Fassung des nun in vollständig überarbeiteter Fassung vorliegenden Buches entstand während meines Studiums der evangelischen Theologie in Erlangen, im Haus der Studentenverbindung Wingolf. Für tatkräftige Unterstützung möchte ich stellvertretend meinem damaligen »Leibburschen«, Herrn Thomas Krüger, danken. Die Urfassung von »Astronautengötter« erschien 1979 im »Verlag 2000«. Meinem ersten Verleger, dem viel zu früh verstorbenen John Fisch (1942–1984), gilt mein dankbares Erinnern. Andreas Faber Kaiser, auch er lebt leider nicht mehr, veröffentlichte erste Passagen aus dem Manuskript in spanischer Übersetzung in »Mundo Desconocido«. Auch ihm verdanke ich sehr viel. Unmöglich wäre meine Arbeit über all die Jahre ohne die tatkräftige Unterstützung meiner Lebensgefährtin, Frau Barbara Kern, die es mit Gelassenheit, Geduld und Humor hinnimmt, wenn es für mich oft nur ein Gesprächsthema gibt: »meine« Astronautengötter. Die nunmehr vorliegende, vollständig überarbeitete Fassung der »Astronautengötter« wäre nicht erschienen ohne die tatkräftige Unterstützung meines Agenten Herrn Dirk R. Meynecke. Ihm gilt ebenso mein ganz besonderer Dank wie Herrn Hermann Hemminger, Lektor »Sachbuch« bei Langen-Müller, und, last not least, dem Verleger Herrn Dr. Herbert Fleissner.

Die vollständige Liste all jener, denen ich für Unterstützung bei meiner Arbeit danke, wäre zu lang, würde den Rahmen dieses Buches sprengen. Stellvertretend seien genannt: Fritz und Edith Ackermeier, Prof. Hans S. Bellamy, Ing. Josef Blumrich, Edeltraud Brandner, George Bushnell, Willi Dünnenberger, Ulrich Dopatka, Dr. Walter R. Drake (†), Fritz Felbermayer, Peter und Dr. Johannes Fiebag, Michael Hesemann, Iwan Kern (†), Jenny Kern (†), Peter Krassa, Wilhelm Lechler (†), Rebecca Ann Lorusso, Frede Melhedegaard (†), Mary und Richard Mooney, Prof. Dr. Dr. Ing. Hermann Oberth (†), Doris und Dr. Gene M. Phillips, Ing. Ernst Rohm (†) und Gisela Rohm, Hans-Werner Sachmann, Bernd Sieweck (†), Studiendirektor Achim Schmidt (†) und Margit Schmidt, John Tkach, Utz Utermann (†), Günther Worms, Thomas Zahn, Prof. Dr. Ernst Zelenka (†), Rosemarie Zita, Sara Zuber, John Zuber (†) und John D. Zuber jr.

Lügde-Niese, Frühjahr 1995
Walter-Jörg Langbein

Anhang 5
Alphabetisches Register

Josef F. Blumrich

Da tat sich der Himmel auf

Ullstein Buch 35447

Phantastische Phänomene

Daß das Buch der Bücher, die Bibel, die Existenz sensationeller, außerirdischer Phänomene enthüllt, beweist der Autor, renommierter Ingenieur bei der NASA, mit der vorliegenden Arbeit. Die Berichte des Propheten Ezechiel beschreiben die Begegnung mit einem Raumschiff bis in alle Einzelheiten, deren Echtheit durch neueste Zahlen und modernste technische Kenntnisse bestätigt werden können. Dieses vielbeachtete Buch stellt erstmals einen realistischen, technisch fundierten Untersuchungsbericht über Kontakte der Menschheit zu außerirdischen Intelligenzen dar.

Johannes und Peter Fiebag

Zeichen am Himmel

UFOs und Marienerscheinungen

Ullstein Buch 35567

Phantastische Phänomene

Theologen und Wissenschaftler streiten seit langem über die Ursachen und Hintergründe religiöser Erscheinungen. Handelt es sich um Ausgeburten psychotischer Phantasien, um erklärbare Naturphänomene oder tatsächlich um göttliche Offenbarungen? Mit einer provozierenden These schalten sich nun Johannes und Peter Fiebag in die Diskussion ein: In religiösen Erscheinungen manifestieren sich außerirdische Intelligenzen! Sorgfältig vergleichen die Autoren die beobachteten Phänomene mit aktuellen Berichten über unidentifizierbare Flugobjekte, unterstreichen die soziokulturellen Bedingungen, unter welchen eine »Erscheinung« als solche klassifiziert wird, und gelangen zu einer Erklärung, die unsere herkömmliche Weltauffassung gründlich revidiert.